MÃE PÁTRIA

PAULA RAMÓN

Mãe Pátria

A desintegração de uma família na Venezuela em colapso

Tradução
Paulina Wacht
Ari Roitman

Copyright © 2020 by Paula Ramón

Grafia atualizada segundo o Acordo Ortográfico da Língua Portuguesa de 1990, que entrou em vigor no Brasil em 2009.

Capa
Alceu Chiesorin Nunes

Preparação
Julia Passos

Revisão
Jane Pessoa
Clara Diament

Dados Internacionais de Catalogação na Publicação (CIP)
(Câmara Brasileira do Livro, SP, Brasil)

Ramón, Paula
  Mãe pátria : a desintegração de uma família na Venezuela em colapso / Paula Ramón ; tradução Paulina Wacht, Ari Roitman. — 1ª ed. — São Paulo : Companhia das Letras, 2020.

  ISBN 978-85-359-3385-7

  1. Crise econômica – Venezuela 2. Venezuela – Condições econômicas 3. Venezuela – História 4. Venezuela – Política e governo I. Título.

20-41921   CDD-338.5420987

Índice para catálogo sistemático:
1. Venezuela : Crises : Economia   338.5420987

Cibele Maria Dias – Bibliotecária – CRB-8/9427

[2020]
Todos os direitos desta edição reservados à
EDITORA SCHWARCZ S.A.
Rua Bandeira Paulista, 702, cj. 32
04532-002 — São Paulo — SP
Telefone: (11) 3707-3500
www.companhiadasletras.com.br
www.blogdacompanhia.com.br
facebook.com/companhiadasletras
instagram.com/companhiadasletras
twitter.com/cialetras

Para Paulina e Jesús

Introdução

Passei os últimos anos me despedindo de pessoas, coisas, lugares e trabalhos, mas nem por isso foi ficando mais fácil. A saudade constante só me deixou mais apegada. Quando, em 2018, convenci minha mãe, Paulina, a sair da casa onde morou durante quarenta anos porque a situação no interior da Venezuela era insustentável, abandonar aquelas paredes foi mais difícil que nas vezes anteriores. Apesar de não morar lá havia quinze anos e de ter saído do país há oito, ainda sofri muito.

Enquanto eu fechava as duas grades externas, porque na Venezuela nunca há grades suficientes, olhava o piso de lajota — que minha mãe pedia aos meus dois irmãos e a mim, quando éramos crianças, para encerar três vezes por semana — e as pérgulas de concreto que ela mandou fazer para blindar a casa de uma forma "fresca", porque o calor de Maracaibo não é compatível com tanto cimento.

Conheço cada tijolo dessa casa onde cresci, cada uma das reformas que a transformaram, durante quatro décadas, num bunker de grades e intervenções para proteger a ela e também a nós da insegurança e do aumento da violência.

Paulina era agarrada a essas paredes, eu não. A casa no número 9B-79 da rua 79, no movimentado bairro comercial Veritas, foi um dos marcos de progresso em sua vida, mas para mim, com a deterioração do país, se transformou num lembrete constante da fragilidade da minha mãe, e embora soubesse que ela não queria sair de lá, venci uma última discussão e minha mãe, resignada, aceitou a mudança.

Enquanto eu empacotava os quilos de comida que tinha trazido nas malas e mandado de navio durante os últimos meses para aliviar a escassez, minha mãe permaneceu deitada, dando-me as costas. A mudança era ideia minha, e embora ela a aceitasse, no fundo era uma decisão unilateral.

Quando, num domingo de agosto, entramos no carro que nos levaria para San Cristóbal, a cidade da sua infância, o que me surpreendeu foi que ela estava sorrindo e eu, chorando. Não sabia quando voltaria para aquela casa — nem mesmo sabia se voltaria um dia. Também não sabia se estava fazendo o que era certo. Desde que meu pai havia morrido, 25 anos antes, minha mãe tinha colocado indiretamente a maior carga de responsabilidade em mim, e não nos meus irmãos mais velhos, que a essa altura tampouco moravam no país. Assim, querendo ou não, os deveres, as decisões e as consequências quase sempre recaíam nos meus ombros. Eu estava convencida de que aquilo era um passo necessário, minha mãe não podia continuar sozinha, numa rua quase fantasma, à mercê de bandidos e sem serviços básicos. Ainda assim, vivi a mudança como uma capitulação, as incertezas transformavam o momento num verdadeiro adeus à minha infância, à minha cidade, ao piso de lajota e às paredes que todo Natal eu pintava com meu pai.

Minha mãe, a quem todos chamavam de Paula, nasceu em Capacho, um pequeno povoado nos Andes venezuelanos, a menos de uma hora da fronteira com a Colômbia. Quando tinha pouco mais de vinte anos, seguiu os passos de uma irmã mais velha e foi estudar em Maracaibo, a escaldante capital petroleira, a umas cinco horas ao norte.

Exemplo do que era possível na Venezuela de então, Paulina, a penúltima de onze filhos, de origem pobre e camponesa, conseguiu uma vaga na universidade pública para estudar biologia na segunda cidade mais importante do país.

Maracaibo, o berço do petróleo, ficou conhecida como a Arábia Saudita da Venezuela. Quente, com um sol que queima desde o amanhecer, a cidade cresceu às margens do enorme lago que leva seu nome. O maior reservatório de água doce da região era o orgulho da cidade e definiu a idiossincrasia local. Sob suas águas, milhares de quilômetros de tubulação bombeavam petróleo e, com ele, uma lógica distorcida que ameaça a economia nacional e a psique dos venezuelanos até hoje.

Minha mãe, que ao sair da universidade começou a trabalhar como professora num colégio público de uma cidade-dormitório no estado de Zulia, se orgulhava dos seus passos. "Eu era pobre, mas estudei", repetia quando queria dar exemplo aos seus três filhos. Como os estudos do meu pai, que nasceu numa aldeia do sul da Espanha, foram rapidamente interrompidos pela Guerra Civil em 1936, suponho que eu aprendi a associação "estudo é igual a progresso" principalmente com minha mãe.

Ela estava convencida de que frequentar a universidade levava a uma ascensão social imediata, e como exemplo dessa tese apontava para minha tia Elisa, que não estudou e foi a única que não conseguiu comprar uma casa, conformando-se com herdar o apartamento que os irmãos tinham comprado para minha avó. "Eu sempre dizia para Elisa: 'Vai estudar porque se não aprender alguma coisa você pelo menos conhece alguém que valha a pena'", contava minha mãe, que não escondia sua desaprovação pelos modos do cunhado, um zuliano de família pobre que dera um pequeno salto econômico com uma oficina de ar-condicionado e refrigeradores, dois itens indispensáveis na "terra do sol amada". A lógica que minha mãe via na educação, naquela Venezuela dos anos 1970, durante um dos maiores booms petroleiros da nossa história, era apenas uma fórmula matemática bancada pelo Estado repentinamente rico. Na minha família, eu via padrões claros. Os homens, engenheiros, podiam fazer carreira na petroleira e garantir uma vida cheia de benesses. As mulheres, professoras, entravam no funcionalismo público, que lhes dava estabilidade econômica, plano de saúde e horários que podiam ser adaptados aos filhos que teriam no futuro. Claro, minha mãe não entendia que a sua versão nativa do sonho americano era baseada no petróleo, para ela era fruto apenas do próprio esforço.

Os sindicatos tinham influência naquela época, ou pelo menos era o que dizia minha mãe, que prometia votos ao Copei, o partido social-cristão que desde o começo da democracia, em 1958, dominava a política venezuelana junto com a Ação Democrática. Minha mãe tinha mais afinidade com o primeiro que com a social-democracia dos "adecos". Apesar de ter sido beneficiada ao longo de toda a sua vida por políticas sociais, ela tendia mais à direita que à esquerda. No entanto, se eu tivesse que definir sua ideologia, diria que era o pragmatismo; tal como em seus tempos de professora, quando o verdadeiro motivo que tinha para vestir a camisa dos copeianos era a esperança de conseguir sua transferência para uma escola em Maracaibo, deixando assim de viajar diariamente para Ciudad Ojeda, cidade-satélite a oitenta quilômetros de distância, onde trabalhava.

Numa dessas viagens exaustivas, ela conheceu meu pai. Estava na rua esperando o "por cabeça", um carro de quatro lugares que cobra passagens individuais, quando meu pai parou — fascinado? — para lhe oferecer carona. Devido à insistência do galanteador, ela — que nunca aceitava carona de ninguém — acabou aceitando. Essa era a versão de minha mãe, que meu pai, morto de amor, nunca desmentiu. Depois ouvi outra versão, bem menos romântica: minha mãe e suas amigas sempre pediam carona, e meu pai simplesmente parou, como qualquer um faria naquela época, quando os roubos, os sequestros e os homicídios não eram coisa de todo dia e as pessoas, ainda que desconhecidas, eram pessoas, não assassinos em potencial.

Meu pai, Jesús, era 25 anos mais velho que minha mãe, e ela adorava contar que, por "ironias do destino", ela tinha nascido no mesmo ano em que ele se casara na França. Mas a vida de meu pai não tinha ironias, era antes um relato de sobrevivência que contrastava com o próspero Caribe aonde chegara ainda na juventude, quando todo mundo o chamava de "musiú", um apelido derivado de "monsieur" que os venezuelanos gostavam de usar, uniformizando assim os europeus que não paravam de chegar naqueles anos de pós-guerra. A Guerra Civil espanhola separou sua família, republicana, e ele acabou fugindo para a França, como fizeram muitos espanhóis. Segundo contava, e eu ouvia com uma admiração imensa, ele, convencido de que era seu dever, se alistou voluntariamente na Legião Estrangeira para lutar na frente de batalha contra o exército alemão, mas foi capturado sete meses depois.

Com apenas vinte anos, em 1940, após uma breve passagem por um campo de prisioneiros no noroeste da Alemanha, meu pai foi transferido para o campo de concentração de Mauthausen, de onde só sairia no final da guerra, cinco anos depois. Como já tinha perdido a cidadania espanhola, como tantos outros na mesma situação que ele que foram declarados apátridas pelo governo de Francisco Franco, ficou em Paris, onde recomeçou a vida como "carpinteiro", o ofício que inventara como estratégia de sobrevivência em Mauthausen.

Meu pai falava do passado com leveza, como se a guerra fosse uma situação obrigatória para todos. De fato, quando eu era criança, pensava que todos os pais iam para a guerra e tinham pesadelos de noite. Ele falava de dor e sofrimento com naturalidade, para mim era um super-herói ou um príncipe encantado simplesmente por ser meu pai, não porque tinha sobrevivido a um passado duro e desarraigado sem perder seu entusiasmo e sua alegria.

Na capital francesa, pouco depois da libertação, ele se casou com uma espanhola e os dois se instalaram no número 163 da rue du Château. O casal teve seu primeiro filho no ano seguinte: Claude, que no Caribe se transformaria em Claudio. E embora sua vida transcorresse em Paris, meu pai leu sobre um lugar promissor chamado Venezuela e convenceu a família, incluindo cunhados e sogros, a abandonar a pouca estabilidade que tinham na França do pós-guerra e se aventurar naquela terra tropical que prometia abundância.

Ele nunca me contou como decidiu ir para a Venezuela. Eu também não tive a iniciativa de perguntar. Era algo em que não pensava, acho. Um dia, folheando um livro venezuelano sobre relatos de imigrantes, parei para ler o testemunho de um espanhol que, como meu pai, tinha estado em Mauthausen. Ele contava que a Venezuela, essa "pequena Veneza", só entrou em seu radar porque um amigo, que compartilhou com ele as agruras do campo de concentração e depois se tornou seu concunhado, lhe vendera a ideia, criando neles uma expectativa inusitada. Li o texto várias vezes, porque havia algo nesse amigo de espírito aventureiro que chamava a minha atenção. Seu nome não aparecia, mas era o meu pai. O autor do relato era um tio dos meus meios-irmãos, Eusebi Pérez, um catalão cujo rosto ficou conhecido internacionalmente em 2005, quando o então presidente da Espanha, José Luis Rodríguez Zapatero, o abraçou na cerimônia realizada pelos sessenta anos da libertação de Mauthausen.

O que meu pai me contou foi que ele chegou de navio à Venezuela em 1947, sem um tostão, trazendo apenas traumas, em companhia de sua esposa, do seu primeiro filho, dos sogros, da cunhada e do concunhado.

Em poucos anos, graças à prosperidade da pujante Venezuela, a guerra ficara apenas em sua memória, e ele, antes pobre, tinha ascendido para uma classe média alta que o valorizava também por ser europeu e branco. Meu pai nunca teve uma profissão específica. Procurou sempre um caminho no comércio. Em diferentes períodos, abriu uma loja de ferragens e vários restaurantes, mas o que mais lhe rendeu, acho, foi o extinto ofício de caixeiro-viajante. Meu pai trabalhava para uma importadora e percorria o país em seu carro, oferecendo os produtos aos clientes da empresa. Joias, aparelhos, relógios, ele era como um catálogo ambulante e passava mais tempo na estrada do que em casa, em Caracas, onde estavam os seus três filhos e Palmira, sua primeira esposa, de quem depois se separaria. Foi a história que me contaram.

Bem-sucedido e atraente, apesar de muito mais velho que Paulina, meu pai parecia ser o fecho de ouro do sonho de ascensão de minha mãe, que, com arrogância, também se gabava do seu cavaleiro alado que lhe dava pérolas, era estrangeiro, ficava hospedado em hotéis cinco estrelas e trocava de carro todo ano.

Ele vivia com intensidade, talvez por ter convivido com tanta morte em quase uma década de guerras. Minha mãe vivia com precaução, talvez por ter conhecido a pobreza em sua infância nos Andes. Mas a história do meu pai era uma história improvável, que se derreteu com a mesma rapidez com que foi erigida. Era, no fundo, uma miragem, produto do petróleo.

Nos anos 1970, uma guerra totalmente alheia ao Caribe mudaria a nossa sorte. A estratégia da Organização dos Países Exportadores de Petróleo (Opep) — que a Venezuela ajudara a fundar na década anterior junto com os países árabes — durante a Guerra do Yom Kippur provocou uma crise do petróleo. O aumento repentino dos preços e a estatização do setor, em 1976, junto com a criação da empresa Petróleos de Venezuela (PDVSA), deram ao país uma riqueza súbita. Nesse mesmo ano nascia meu irmão mais velho, Jesús, que durante anos chamaríamos de "Chucho" para não o confundir com meu pai, nesse costume venezuelano de nomear os filhos como os pais para depois chamar de outro jeito.

Carlos Andrés Pérez, um dos políticos mais carismáticos que o país já teve, assumiu a presidência da Venezuela em 1974. Ao avançar o processo de nacionalização, foi ele quem capitalizou a época de bonança, tornando seu nome um sinônimo de prosperidade. O Estado investiu parte dos recursos do petróleo em infraestrutura e em subsídio social. Os venezuelanos tinham poder de compra, o desemprego era inferior a 5%, a educação e a saúde eram públicas, viagens ao exterior para fazer compras ou adquirir caixas de uísque escocês eram coisas cotidianas para muita gente na Venezuela de então. Caracas, efervescente e cosmopolita, era chamada de "sucursal do céu". Pérez utilizou parte dos recursos do petróleo em políticas sociais e em infraestrutura, e tentou impulsionar outro polo econômico no oeste do país, onde rios caudalosos e a descoberta de jazidas minerais prometiam ainda mais riqueza para esse país tropical que despontava.

Mas os preços começaram a cair em 1981, quando eu nasci, e com o fim do boom petroleiro iniciaram-se os ajustes econômicos marcados pela desvalorização da moeda em 1983, numa sexta-feira sombria que derrubou psicologicamente o país. Com a queda dos salários, tornaram-se mais prementes os problemas que a "democracia mais estável da América Latina" não tinha conseguido resolver, como a desigualdade social e a dependência do petróleo.

No começo da década, meu pai, assim como o Estado, havia torrado tudo. Dos seus anos de altos rendimentos, especialmente como caixeiro-viajante, só restavam as lembranças, os relógios, os ternos e os colares de pérola de outra época. Já minha mãe, revelando uma excepcional capacidade administrativa, com um modesto salário de professora do ensino médio conseguira comprar uma casa e um carro. Amparada pelo sistema estatal, antes de fazer quarenta anos ela se aposentou por sua saúde precária com menos de dois anos de serviço, uma vantagem do boom. Tinha direito a atendimento médico gratuito preferencial e se beneficiou de um crédito hipotecário em condições tão ridículas que, no final da dívida, catava moedas para pagar as prestações completamente imunes à inflação. O Estado tinha sido o seu eterno benfeitor; mas para os venezuelanos, isso era seu dever.

Quando a sexta-feira sombria bateu em nossa casa, meu pai estava desempregado, minha mãe recebia sua aposentadoria e tinham um teto, um carro e o desafio de alimentar três filhos de sete, seis e dois anos. Durante a minha infância, minha mãe repetia o tempo todo que "o cobertor era curto". Mas em comparação com a fome que eu chegaria a ver décadas depois em outros lares, o nosso cobertor era comprido e largo. Tínhamos comida, uma casa com teto de cimento, quartos próprios, roupa, sistema público de saúde e até um Atari.

Embora tivéssemos poucos recursos, a casa nos dava estabilidade. Antes do meu nascimento, meus pais perambularam por não sei quantos apartamentos alugados com meus dois irmãos mais velhos, ainda bebês. Uma vez, no final dos anos 1970, minha mãe chegou a ficar na rua quando meu pai foi hospitalizado por causa de um acidente. Sem dinheiro, ela tomou uma decisão que a atormentaria pelo resto da vida: deixou por alguns dias Andrés, seu segundo filho, na época com quase três anos, num orfanato. Meu irmão guardou um rancor eterno por esse episódio, e nossa mãe, uma carga de culpa que a fez conquistar um espaço próprio para que seus filhos sempre tivessem uma casa.

Meus irmãos e eu crescemos sob aquele teto na rua 79, número 9B-79, onde, apesar da crise, meus pais nos preparavam dezenas de *piñatas* e noites de Natal.

Nós três éramos diferentes, e não era difícil perceber como estávamos crescendo distanciados emocionalmente um do outro. O favoritismo que nosso pai tinha por mim era evidente. Um muro invisível se ergueu entre mim e meus irmãos. Eles se ressentiam do tratamento especial que eu recebia, e em pouco tempo minha mãe também começou a se incomodar. "Você tirou o meu marido", diria ela anos depois, num tom triste e resignado, enquanto conversávamos sobre o passado numa viagem de carro de Caracas a Maracaibo. "Talvez você não se lembre, mas papai era muito diferente conosco", disse-me Jesús, quando voltamos a nos ver após anos afastados.

Eu me lembro. Em doze anos, só vi aquele homem que atravessara duas guerras chorar duas vezes. Uma foi no dia em que me mostrou a única foto que tinha de sua mãe. A outra foi quando do me pediu desculpas por ter me dado uma palmada, a única vez que me bateu.

As diferenças não eram apenas no tratamento, nem eram exclusivas ao meu pai. Com a crise dos anos 1980, minha mãe tomava as decisões de forma estratégica. Meus irmãos, que segundo ela não demonstravam muito entusiasmo pelos livros, foram para a escola pública. Eu, que lia mil vezes os poucos livros que tinha e representava peças de teatro com meus bichos de pelúcia, fui mandada para uma escola particular. Não era favoritismo, dizia minha mãe, era mérito.

Minha mãe tinha se esforçado para conseguir uma vaga para mim numa escola católica, porque as matrículas subsidiadas seriam a única forma de me proporcionar uma educação em escola particular. Era final dos anos 1980, e a educação pública não era a mesma de duas décadas antes: paralisações constantes e um currículo pouquíssimo exigente davam poucas garantias de conseguir uma vaga na universidade pública.

Eu não era católica. Meu pai, ateu, não tinha permitido que fôssemos batizados. Também não tinha a idade regulamentar para entrar, mas essas coisas eram detalhes para minha mãe, que mentiu sobre a minha data de nascimento e a minha fé para que eu pudesse fazer a prova de admissão. Quando as freiras descobriram a verdade, já tinham passado quatro anos.

Minha mãe ria quando eu a questionava por ter conseguido a vaga dessa forma. "Quando a gente é pobre tem que se virar", dizia-me orgulhosa da sua astúcia. Era a sua interpretação da "malandragem local", a crença venezuelana de que somos muito espertos e sagazes.

É verdade que minha educação não teria sido a mesma sem essa iniciativa dela. No final dos anos 1980, durante a crise provocada pela queda dos preços do petróleo, meu pai, reinventado no ramo do transporte escolar, se incluía na crescente porcentagem de autônomos, e o salário de professora aposentada da minha mãe, menor que uma aposentadoria normal, não era suficiente para pagar a escola e os livros.

Eu não dava valor na época, mas o menu de domingo era paella ou lula *en su tinta*, quase os únicos costumes que meu pai guardava do seu espanholismo. Nossa suposta pobreza, que minha mãe tanto apregoava, só se evidenciava quando eu ia à casa dos meus primos, filhos de um tio engenheiro que não trabalhava na estatal mas tinha um salário melhor. Eles tinham um Nintendo, iam à Disney e minha prima mais nova tinha Barbies e colecionava autógrafos do Pato Donald e do Mickey Mouse numa caderneta vermelha com a silhueta do famoso ratinho.

Essas mesmas coisas me lembravam minha posição na escala social do colégio católico onde estudava. Bastava comparar meu uniforme, ajustado artesanalmente, com o das minhas colegas de turma, comprados na loja autorizada, para notar a distância social que havia entre nós.

Na nossa escaldante Maracaibo, costumava-se enfeitar as casas no Natal com pinheiros e neve artificiais, enquanto nós arranjávamos todos os anos um esqueleto de árvore que pintávamos de branco, colocávamos num vaso, enfeitávamos os galhos com laços e pendurávamos maçãs, peras e balas que comíamos durante as festas. Eu adorava aquilo, mas entendi que era diferente, e assim fui assimilando que ser pobre era ser diferente. Tudo em casa era diferente, mas não era ruim. Era como se tivéssemos as versões genéricas do que a classe média alta desfrutava.

Mas era tudo uma questão de perspectiva, porque a nossa vida não era a verdadeira cara da pobreza venezuelana, não importava o que minha mãe dissesse. Sua decisão de nos mandar para escolas diferentes, agora vista em retrospectiva, parece ter sido crucial para definir nossos caminhos futuros. Enquanto eu me media com meus colegas de classe média alta, meus irmãos o faziam com os seus de classe baixa. Eu sempre olhava para cima, eles, para baixo. Jesús, sendo branco, se mostrava mais extrovertido em seu círculo social que Andrés, de pele escura.

Também olhando para trás, é impressionante ver como dentro da mesma casa, de forma inconsciente, eram reproduzidas as diferenças que se acentuaram na Venezuela com uma crise que empurrou para um degrau abaixo aqueles que já estavam perto do piso na escala social.

Naquela época, no final dos anos 1980, o país fervilhava. Dos tempos em que a classe média viajava com frequência para fazer compras em Miami, só restavam as histórias. Para conter a crise, os governos lançaram ajuste após ajuste. O emprego informal e o desemprego aumentaram, a inflação subiu para dois dígitos e chegou a passar de 30%, pulverizando assim o valor do salário de quem ainda tinha emprego. Além disso, casos de corrupção pululavam no noticiário, o que aumentava a frustração do povo, que perdia a fé em seus políticos.

Nesse panorama desolador, Carlos Andrés Pérez, o homem que havia simbolizado a riqueza, entrou em campo. Apesar de ter 66 anos, sua campanha foi enérgica. Uma foto dele pulando uma poça se transformou na imagem do momento. Os venezuelanos o elegeram como se fosse realmente um amuleto de sorte, como se trazê-lo de volta fosse também trazer de volta os tempos da bonança. Mas as coisas não funcionam assim, como o país aprenderia bem rápido.

A primeira grande medida do seu governo, ainda no primeiro mês, foi um pacote econômico de ajustes que contrastava com o desbunde que foi sua tomada de posse, que de tanto luxo foi chamada de "coroação". A resposta foi uma explosão social. Em 27 de fevereiro, uma discussão numa rodoviária nos subúrbios de Caracas por causa da antecipação do aumento das passagens, consequência do chamado "pacotaço", mergulhou a capital num caos espontâneo que não combinava com a nossa tradicional alegria caribenha. "O morro desceu", dizia-se, em alusão aos *barrios* populares que foram crescendo em torno do vale de Caracas. Os noticiários transmitiam imagens de gente saqueando supermercados, policiais atropelados pela fúria popular, militares desorientados atirando em qualquer direção, corpos jogados nas ruas. A situação de Caracas chegou a tal ponto em apenas 48 horas que o ministro do Interior e Justiça, Alejandro Izaguirre, perdeu o fôlego e teve que se retirar do palanque oficial antes de concluir sua mensagem, transmitida pela televisão, que tinha por objetivo acalmar a população, dizendo que a situação estava sob controle. A explosão foi controlada nos dias seguintes com uma enorme repressão, mas era um sinal claro de insatisfação que poucos souberam ler e canalizar. Essa revolta popular, depois batizada de Caracazo, foi muito impactante. Como se de repente tivessem acendido as luzes e parado a música, ela simbolizou o verdadeiro fim da festa.

Caracas ficava longe da minha cidade, a quase setecentos quilômetros, e tinha uma geografia diferente de Maracaibo; ninguém achava possível que algo assim pudesse ecoar na nossa cidade, mas aquilo marcou o início de novos tempos.

Começaram as tentativas de assalto e as respectivas reformas de proteção na casa. Grades, muitas grades. Eu entendia a crise de que os adultos falavam porque minha mãe não me comprava uniformes novos, reaproveitava livros dos meus primos e os Natais tornaram-se mais austeros. Mas não me tiraram da escola, tínhamos comida em casa e meus irmãos e eu mantínhamos pequenos luxos, como sorvete e doces aos domingos.

Um tema recorrente para minha mãe era falar como meu pai tinha esbanjado tanto dinheiro no seu passado recente. "Quando ele chegou à Venezuela, a terra era vendida a centavos, e nem assim ele comprou", repetia ela num exercício inútil de lamentar o que poderia ser mas não foi. Não entendia como meu pai podia ser tão desapegado de dinheiro e das coisas materiais, e tão obcecado em não desperdiçar um grão de comida ou uma pasta de dentes. Papai nos falava da guerra e de como se pode perder tudo da noite para o dia. Eu não entendia, como é que alguém pode realmente perder tudo? Eu não conseguia sentir o mesmo medo, apesar do passado verdadeiramente pobre dos meus pais. De qualquer maneira, nunca deixava comida no prato, porque, sob o mandato de meu pai, quem não terminava o almoço teria que jantar as sobras. "Se um dia não tiverem o que comer, vão se lembrar disso", dizia ele. Eu ria, porque sua forma de imitar alguém com fome me parecia engraçada. Ele acabava sorrindo comigo, talvez porque soubesse que de fome só entende quem não tem o que comer.

Ele estava tão obcecado em não desperdiçar as coisas que uma vez me repreendeu com severidade porque deixei cair um pouco de pasta de dentes na pia; depois me fez pegar com a mão, colocar a pasta na escova e usá-la. "Na guerra não tínhamos nada", dizia ele com aquele olhar de tristeza que eu não conseguia enfrentar. Lembro diariamente desse episódio quando escovo os dentes, e sempre que um pouquinho de pasta cai na pia, eu limpo logo com um sentimento de culpa, só que agora não penso apenas no campo de concentração nem no olhar triste do meu pai, mas no meu próprio país, onde comprar uma pasta de dentes é um privilégio.

Ele, que tanto esperava outra guerra, saiu para trabalhar em 4 de fevereiro de 1992 de madrugada, como qualquer outro dia, mas enquanto dirigia o carro para buscar a primeira criança da sua lista de transporte, o governo lutava para se manter no poder. Militares descontentes haviam lançado um golpe de Estado horas antes em Caracas e em outras capitais, incluindo Maracaibo. Com as ruas vazias, e sem crianças na porta das residências à sua espera como sempre, meu pai voltou para casa desconcertado. Quando chegou, nos fez sentar diante da televisão de catorze polegadas que tínhamos na sala.

Essa primeira intentona foi séria, apesar de fracassada e breve. Ao contrário do Caracazo, esse ataque teve impacto na minha cidade: na prática, o governador foi deposto até que a televisão transmitiu a rendição do então desconhecido tenente-coronel Hugo Chávez. Nós morávamos perto da residência oficial do governador do estado de Zulia, e nos primeiros dias, com a tentativa do governo de manter o país sob controle, víamos os militares nas esquinas, o que fazia o semblante do meu pai se transfigurar.

Meu pai tinha votado em Pérez com convicção, não pensando na riqueza perdida, mas na social-democracia que ele representava. Já minha mãe o fez para satisfazer meu pai, que tinha mais ardor ideológico que ela, pois nessa altura ela via todos os políticos como "farinha do mesmo saco". Mas na manhã de 4 de fevereiro de 1992, ele, desesperançado, e ela, farta, concordaram com algo: os dois pareciam seduzidos pela desenvoltura daquele Chávez, um jovem comandante desconhecido que, antes de ir para a prisão por liderar o golpe de Estado fracassado, dizia querer "encaminhar o país para um destino melhor".

Nove meses mais tarde, outro golpe. Dessa vez, alguns caças sobrevoaram Caracas, vimos na nossa pequena televisão. Pérez mais uma vez conseguiu controlar a situação. Mas politicamente já estava desidratado. Depois de ter resistido a uma revolta popular e a dois golpes de Estado, em 1993 o presidente que ia nos tirar do buraco foi destituído, acusado de peculato e de malversação de fundos.

Meu pai morreu de infarto pouco antes das eleições. Outro ex-presidente, Rafael Caldera, um dos impulsionadores da democracia venezuelana, largou o Copei, o partido que se revezava no poder com a Ação Democrática (AD) e que ele mesmo ajudou a fundar, para surfar na onda do descontentamento e capitalizar voltando ao poder. Para minha mãe, era mais do mesmo, a tentativa de mudar de imagem não teve efeito nela. Como muita gente naquela época, ela não via sentido em votar e ficou em casa. A abstenção foi de quase 40% naquele ano de 1993.

As coisas não melhoraram. A situação era tal que os livros escolares de história começaram a incluir a palavra "crise" nos capítulos dedicados à Venezuela. Um dos meus professores de história, inconformado, comentou em sala de aula a atualização dos textos, objetando que "uma crise é temporária, mas isto não é mais uma crise, já é a condição permanente da Venezuela". E mal começavam os anos 1990.

Minha mãe administrava as compras e a eletricidade em regime de economia de guerra. Após a morte de meu pai, nossa renda diminuiu, e com a moeda se desvalorizando e a inflação aumentando, a aposentadoria de minha mãe praticamente virara pó. Nosso cobertor se reduziu, mas tínhamos teto e comida. Mamãe manteve os sorvetes de vez em quando e os austeros presentes de Natal, mas os doces de domingo foram ficando mais esporádicos. Meu irmão mais velho terminou o ensino médio pouco antes de nosso pai morrer e começou a trabalhar como vendedor numa loja de artigos esportivos. Andrés estava no último ano do seu colégio público. O desafio de me manter num particular sem a renda de meu pai foi superado graças à colaboração de um tio e da mãe da minha então melhor amiga, que acabou pagando quase dois anos das minhas mensalidades. Minha mãe, embora orgulhosa, aceitou o dinheiro porque temia que frequentar um colégio público acabasse com as minhas chances de entrar em uma boa universidade. Para garantir que o esforço não fosse em vão, ela me fez acreditar que as freiras tinham me concedido uma bolsa, o que me obrigaria a manter boas notas, necessárias para obter a vaga universitária.

Embora a situação nacional só piorasse, meus tios continuavam dando as suas festas de fim de semana. Tínhamos uma família grande, e qualquer desculpa era bem-vinda para abrir garrafas de uísque, que já não compravam em caixas, como nos bons tempos. Entre uma história e outra, meus tios sempre lembravam de meu pai "e seus casos de guerra, porque Jesús sempre falava da guerra", e sorriam. Mesmo nesse período, os relatos de fome e miséria de meu pai pareciam vir de outro planeta.

Pouco depois, Chávez foi indultado por Caldera (que definhava no poder), saiu da cadeia e, assessorado por políticos da elite, venceu uma eleição presidencial que não deixou ninguém indiferente e despertou outra vez as esperanças da maioria do país.

Minha mãe estava tão entusiasmada que três anos antes, quando um dos companheiros de armas de Chávez no golpe de Estado perdeu a eleição de governador no nosso estado, ela, com cinquenta anos e uma artrite avançada, foi para a rua protestar, exigindo a recontagem dos votos. Para minha mãe, um homem de verde-oliva era o que faltava para botar ordem na casa. Assim, nas eleições presidenciais de 1998, foi votar com um novo ardor. Alguém a fizera acreditar que podia ser diferente. Ela me pediu que a acompanhasse ao local de votação para ajudar com a cédula, porque não usava óculos e tinha um ligeiro problema de visão. Mas quando chegamos, preferiu pedir ajuda a um jovem soldado porque não confiava em mim, que havia tentado convencê-la a não votar em Chávez.

Era mais uma das nossas muitas discussões. Minha mãe e eu sempre tivemos uma relação complicada. Poucas vezes confessamos sentir admiração uma pela outra. Seu caráter firme, quase implacável, me desconcertava. Ela gostava de dizer que, dos seus três filhos, eu era a que mais a tinha perturbado na adolescência. "Igual ao seu pai", dizia quando queria me dar a última estocada em alguma discussão. Ser como o meu pai equivalia a ter uma vida guiada pelo impulso, na maior parte do tempo com a cabeça nas nuvens.

Minha mãe era severa e, apesar das nossas diferenças, conseguiu me manter sob controle, até que entrei na faculdade. Para ela, meu ímpeto era rebeldia. Eu não planejava ter uma casa, nem marido, nem filhos. Só queria fugir com o circo — mas só depois de me formar, já que largar a universidade era impensável.

Ela não gostava que eu fumasse nem bebesse, nem que fosse a festas, e muito menos da "má influência" das minhas amigas. Quando fui para a universidade, comecei a ter uma vida quase que paralela, fazendo malabarismo nas esquinas. O que deixava minha mãe muito envergonhada. Com a arrogância da juventude, eu me achava muito diferente dela, e diante de qualquer reclamação cantava, para provocá-la, um *vallenato* de Carlos Vives que versava sobre um marido farrista que pedia compreensão à sua mulher. "*Negra, no me celes tanto, déjame gozar la vida.*" Ela revirava os olhos e me dava as costas. Eu me sentia incompreendida e me afastava.

Eu achava impressionante a sua recém-descoberta paixão política por um Chávez que prometia acabar com a corrupção, a insegurança e elevar a qualidade de vida dos pobres, esquecidos por um sistema bipartidário, engessado e desligado do povo, que já durava décadas.

Ela, assim como milhões de venezuelanos, falava com desdém da política, dos partidos e dos seus dirigentes. A antipolítica era a tendência do momento, incubada desde os tempos do segundo mandato de Pérez. Mas Chávez era diferente, ele ia refundar a república. E assim o fez, do país de 1998 não sobrou nem o nome. Sua chegada ao poder coincidiu com um novo boom petroleiro, fato que de tão óbvio passou despercebido para boa parte da população.

Quando Chávez começou a criar programas sociais paralelos ao sistema público constitucional, o aparato estatal foi crescendo, empregando milhões de pessoas que passavam a receber salários superiores ao mínimo. Essas políticas assistencialistas beneficiaram, sim, as classes baixas. As aposentadorias também foram aumentando, e de repente, em casa, não éramos mais pobres.

O dinheiro jorrava, e muita gente estava feliz. Quase toda a minha família, que voltara a comprar caixas de uísque, apoiava o governo. No começo do novo milênio, a narrativa que eu ouvia nas festas familiares não era de que a valorização ininterrupta do barril de petróleo fosse a causa daqueles tempos de bonança, e sim a boa administração de Chávez, que não roubava e cuidava dos pobres.

"Não voltarão", advertia Chávez pela televisão aos partidos políticos que lhe faziam oposição. "Não voltarão", repetia minha mãe quando nós duas discutíamos sobre política. Mas minha mãe não era de esquerda, nunca foi. Para ela havia alguns pobres que, tal como ela, tinham força de vontade para "progredir", e outros, como os dos morros de Caracas que só víamos pela televisão, que "vivem mal porque querem". Cresci escutando isso.

Chávez, ao contrário de boa parte da elite política dos anos 1990, entendeu a insatisfação de milhões de pobres que eram discriminados, ignorados ou incorporados à máquina econômica do país sem nenhuma possibilidade de ascensão, condenados a ser eterna mão de obra. O "povo" — porque uma palavra era suficiente para englobar tanta paixão — lhe retribuía com fidelidade. Ele, de origem rural, vivera o problema e sabia como falar com pessoas como minha mãe, que, quando estudou na universidade, para evitar o desprezo dos colegas por não ter dinheiro para trocar de roupa todos os dias, comprou um uniforme e fingiu que era secretária.

Mas nem todo mundo estava contente. Poucos líderes da velha elite política sobreviveram ao cataclismo ocasionado pela chegada de Chávez ao poder em 1999. A Ação Democrática e o Copei, os partidos mais fortes da nossa democracia, desmoronaram, e embora não tenham desaparecido, nunca mais conseguiram recuperar a representatividade daquelas décadas que, graças à retórica revolucionária, passaram a ser chamadas de "quarta república". Desde o começo, era como se Chávez estivesse sempre um passo à frente dos seus adversários.

Olhando em retrospecto, acho que houve vários tipos de oposição. Para começar, oposição era tudo o que estava do outro lado. O que os unia era justamente opor-se a Chávez; mas amalgamar tantas ideologias, visões e ambições numa força monolítica demonstrou ser uma coisa difícil.

No começo, os políticos das últimas décadas eram os representantes da oposição. Num giro imprevisível, quando Chávez ainda estava no primeiro ano de governo, seu principal adversário foi um ex-companheiro de armas: Francisco Árias Cárdenas, o homem que controlou a minha cidade durante o primeiro golpe de 1992 e que minha mãe tinha saído às ruas para apoiar fervorosamente em sua primeira incursão na política regional. Derrotado "o traidor", como minha mãe o chamava, assumiram a liderança da oposição representantes da petroleira estatal Petróleos de Venezuela (PDVSA), assim como figuras empresariais e sindicais.

Outro golpe de Estado ocorreu em 2002, quando eu estava no último semestre de jornalismo. Chávez saiu vitorioso e fortalecido. Minha mãe e todos os milhões de seguidores dele intensificaram o discurso revanchista. As brigas políticas se tornaram uma realidade cotidiana, com cobranças severas a quem não estava apoiando o governo. No final do dia, Chávez, por ter sido eleito, se tornara dono do Estado e do país. O aeroporto era a principal opção para quem não estivesse satisfeito.

Fracassados o golpe, as greves e os protestos multitudinários, a oposição decidiu em 2003 convocar um referendo revocatório. Pareceu uma ironia tentarem usar contra Chávez um instrumento que passou a existir graças à Constituição aprovada no seu primeiro ano de governo, em 1999, a primeira grande mudança promovida por ele e que havia sido escrita sob medida em apenas três meses e meio por uma Assembleia Constituinte majoritariamente chavista.

Com tanta tensão, o primeiro passo foi a designação de um novo Conselho Nacional Eleitoral (CNE). Foi a época em que María Corina Machado entrou no nosso radar. Ela ficara conhecida com a associação civil chamada Súmate, que presidia e tinha ajudado a fundar em 2002 para coletar as assinaturas necessárias para realizar a consulta que definiria a permanência de Chávez no poder.

Apesar da clara polarização do país, essa tarefa foi quase impossível porque a validação dependia do novo CNE, presidido por um homem chamado Jorge Rodríguez, que desde o começo dava sinais de parcialidade. Milhões de pessoas que tinham assinado o documento tiveram que confirmar que o haviam feito, a pedido do conselho, só para ver esse banco de dados de "inimigos da pátria" cair nas mãos do então deputado Luis Tascón, do partido de Chávez. Tascón, um engenheiro na área de informática, criou um site que permitia consultar em segundos, apenas com o número da identidade, quem assinou ou não. Essa página serviu como instrumento para demissões em ministérios e organismos estatais, assim como para retirar de quem havia assinado certos benefícios que eram obrigatórios por lei.

Nesse contexto de intolerância, polarização e agressão, fomos para outra eleição em 2004, quando as assinaturas finalmente foram aceitas. Mas a oposição tinha entrado na corrida muito atrás. Tal como nas eleições seguintes, o uso dos recursos do Estado nas campanhas eleitorais foi escandaloso. Com os petrodólares entrando, uma derrota parecia improvável. A armadilha não estava nas máquinas de votação, era simplesmente uma competição desigual.

Chávez venceu, e os milhões de pessoas que nos últimos dois anos tinham passado por um golpe de Estado, mobilizações maciças, um inútil processo de diálogo e várias greves gerais sofreram a derrota como algo terminal. Chávez parecia invencível. As coisas iam mudando, as instituições se torciam à vontade do governo, mas eu não acho que todos percebiam naquele momento a gravidade do problema. Com exceção de algumas poucas vozes, a liderança opositora limitava sua argumentação a comparações ideológicas no estilo de "vamos virar uma Cuba".

O jornalismo venezuelano foi certamente uma das primeiras baixas naqueles dias de extremos. Alguns dos nomes mais conhecidos tomaram partido, a favor e contra. Nesse processo de perda de perspectiva nacional, os jornalistas que se opunham abertamente ao governo tinham substituído os partidos políticos, e, na sua expressão mais extrema, parecia que valia tudo para tirar Chávez do poder; e os que trabalhavam nos meios de comunicação do Estado militavam pela causa contribuindo para a transformação dessas plataformas em órgãos de propaganda, não vendo limites para defender o indefensável. Quem ficou no meio recebeu críticas de ambos os lados, como me disse na época uma colega: "Neutra? Nós estamos em guerra, só se você for da Cruz Vermelha".

A oposição tentou ressuscitar abraçando um político que tinha feito carreira no meu estado. Mas Chávez venceu outra eleição presidencial. O dinheiro continuava fluindo e minha mãe continuava fazendo reformas na casa para afastar os bandidos. A violência não parava de quebrar recordes na primeira década do novo século. Em 2007, com uma população de 27,6 milhões de habitantes, a Venezuela registrava mais de 13 mil homicídios por ano, e desde então o número só seguia aumentando. Foi um assunto que o governo passou a evitar, eliminando os números oficiais.

Nessa época, minha mãe voltou a trocar de carro. Estávamos em 2008, e ela comprou um sedã com bancos de couro e telefone via satélite. O cobertor continuava aumentando graças aos preços do petróleo, mas minha mãe outra vez não via isso. Era graças a Chávez, dizia.

Eu já estava morando em Caracas, para onde fui após terminar a universidade. Meu cobertor também tinha aumentado e deu para comprar um carro de duas portas, mas quando a primeira década do novo século estava terminando, meu salário, como repórter do principal jornal do país, já não chegava até o fim do mês, devorado quase inteiro pelo aluguel do pequeno quarto de cinco metros quadrados onde eu morava.

Em 2009 ainda havia dinheiro, mas já começava a escassez. Nos supermercados, desapareceram alguns produtos básicos, o que era uma novidade, mesmo para mim que sempre vivi num país de crise eterna. Chávez, que tanto havia criticado os nossos governos anteriores e a dependência do petróleo, exacerbou o modelo rentista. Prometeu transformar a Venezuela numa superpotência, e para isso estatizou fábricas, fazendas e empresas, que depois deixou abandonadas, destruindo a cadeia produtiva nacional. Asfixiou empresários, assumiu a administração da receita do petróleo, que distribuía arbitrariamente, e estabeleceu um férreo controle de preços de produtos e de divisas que acabou distorcendo a economia nacional.

Naquele tempo, Caracas sofria a escassez mais que Maracaibo, de maneira que minha mãe não prestava muita atenção quando eu comentava que não tinha conseguido comprar alguma coisa. Vendo as notícias no canal estatal, ela se convencia de que aquilo era apenas uma guerra econômica, como explicava o presidente.

Deixei o país um ano depois — não por causa da crise, mas por amor, ao me casar com um brasileiro que ia trabalhar na China. Estava se iniciando a segunda década do século, e o cobertor começava a encolher novamente; por isso minha mãe decidiu vender seu sedã para guardar o dinheiro e ficar com o meu carro, que era mais econômico e menos visado por ladrões.

A violência continuava aumentando. Combatê-la foi uma promessa eleitoral de Chávez, mas durante o seu governo as taxas de homicídio dispararam junto com o bem-estar econômico, as prisões começaram a ser administradas pelas próprias facções criminosas, e em 2010 até mesmo os deputados do partido do governo reconheciam que 15 milhões de armas circulavam num país de 26 milhões de habitantes. O ano acabaria com uma taxa de 57 homicídios por 100 mil habitantes, segundo números do Observatório Venezuelano da Violência (ovv), uma ong que assumiu a tarefa de organizar os dados diante do silêncio governamental. No entanto, esse número empalidecia ante a taxa de 75 por 100 mil habitantes (19133 assassinatos) correspondente a 2009, que apareceu num relatório oficial do Instituto Nacional de Estatística vazado para a imprensa em 2010.

Apesar disso, a medida mais específica que o governo tomou em matéria de violência foi proibir jornais e revistas de divulgar notícias sobre o assunto, levando à extinção da seção policial diária, que, tanto como os necrotérios, não dava conta de tanta morte.

Em Maracaibo, cansada de escutar passos no teto, prova de que alguém estava roubando água das caixas, minha mãe decidiu fazer uma nova reforma e ocupou a metade da garagem com a instalação hidráulica.

A saúde dela estava ficando mais precária. No final dos anos 1970, minha mãe foi diagnosticada com artrite e síndrome de Sjögren, uma doença imunológica que, por ser hereditária, me deixava apavorada. Pelo que ela vaticinava, seria o meu futuro inevitável.

Durante minha infância, ela estava quase sempre doente. Tinha dias bons, mas em outros ficava imobilizada e irritada por causa da dor. E para aliviar a dor, minha mãe precisaria tomar remédios diariamente, pelo resto da vida. Com o passar dos anos, começou a depender de outros tratamentos, além de cálcio, vitaminas e hormônios. A variedade de frascos era infinita.

As pernas dela foram as mais afetadas pela artrite. Justamente as pernas, de que tanto gostava, porque adorava dançar. E dançava muito bem, dizia a minha tia. Era tanta a pressão que parei de dançar na sua frente nas festas depois que ela me disse um dia: "Você não parece minha filha, só do seu pai", que claro, espanhol, "dançava feito um liquidificador", dizia um ex-namorado da minha tia.

Minha mãe era cheia de cicatrizes, fruto de um sem-fim de cirurgias que enfrentou desde jovem. "Saúde", dizia sempre que tinha que formular um desejo de aniversário ou na hora de comer as uvas do Ano-Novo.

Saúde foi justamente uma das primeiras áreas que a revolução fez questão de reformular nessa nova Venezuela, como se nada existisse antes do seu governo. A estrutura paralela de saúde que Chávez montou nos seus primeiros anos de governo foi oportuna para entrar nos morros, para reforçar os laços com seus seguidores e para dar visibilidade a um problema real. Contudo, essa rede nunca despontou, atrelada, claro, aos excedentes petroleiros. E por deixar de lado o sistema público existente, o colapso dos hospitais se agravou. Para minha mãe, que durante décadas tinha se beneficiado da rede pública hospitalar, isso a obrigou a pagar um seguro-saúde para poder ir a uma clínica particular.

Eu telefonava para ela diariamente, mas, estando fora do país, não podia ir até lá com a frequência que ela, que morava sozinha, gostaria. Meus irmãos continuavam em Maracaibo, mas nossa mãe esperava mais de mim que deles. Ela sempre me lembrava disso de forma explícita, e era difícil cumprir as suas expectativas, especialmente à distância. Até aqui é uma história clássica de pais que envelhecem e filhos que nem sempre estão por perto. O problema é que o cenário dessa história era a Venezuela.

A saúde da minha mãe piorava, como o país. Ambos deixaram de andar ao mesmo tempo. Para ela, a cadeira de rodas, antes usada em emergências, se tornou cotidiana. Já para a Venezuela, não parecia haver uma alternativa tão instrumental. Chávez morreu em 2013, enquanto os preços do petróleo caíam, deixando à mostra um país fracassado depois de anos de decisões econômicas erráticas. O cobertor de minha mãe se encurtava como nunca, e meu trabalho era coser remendos.

A debacle foi progressiva. A Venezuela vivia há mais de uma década sob um controle de divisas, com o governo determinando o valor da moeda de maneira artificial. A cadeia produtiva foi enfraquecida por políticas econômicas absurdas e pelas intervenções de um Executivo que estatizava de forma arbitrária.

Foi a partir daí que o lado emocional se misturou com o econômico, criando um redemoinho que foi se intensificando com o passar dos anos. Não sei o que era pior, a distância, a saúde fraca de minha mãe, a crise econômica ou as nossas diferenças, salpicadas por rancores de infância que ressurgiam em qualquer discussão.

Aos poucos, ficou claro para mim que nem sempre eu teria uma solução para lutar com os constantes desafios da vida na Venezuela, cuja realidade desumana e distorcida se tornara o novo normal.

1

Para mim, que estava sempre com a metade da cabeça na Venezuela, aquela tarde de março de 2013 foi tensa. Rumores se espalhavam. Eu havia acabado de chegar a São Paulo, depois de morar quase três anos na China. Duas semanas antes, o presidente Hugo Chávez tinha voltado para Caracas após passar dois meses em Cuba, onde foi operado para tratar o câncer de que padecia.

"O Comandante", como tínhamos nos acostumado a chamá-lo, já somava catorze anos no poder e não havia a menor dúvida de que queria mais. Sua situação delicada era evidente, caso contrário não teria deixado o governo em dezembro de 2012 com um discurso no qual fez questão de dizer que, embora sua saída fosse provisória, se lhe acontecesse alguma coisa seria sucedido pelo vice-presidente Nicolás Maduro.

Naquela tarde, não consegui sair de perto do computador. Checava as notícias e o Twitter freneticamente. Esses momentos de tensão elevada tinham se tornado coisa frequente na Venezuela de Chávez, polarizada e intolerante, que vivia num ritmo de montanha-russa.

A notícia chegou no meio da tarde. Maduro, rodeado de ministros e figuras do chavismo, anunciou que o "líder da revolução bonita" tinha morrido.

Chávez e sua promessa revolucionária marcaram a Venezuela. Minha geração chegou à maioridade quando ele ganhava suas primeiras eleições. Agora, longe do país e desempregada, recebi a notícia de sua morte. Num pico de adrenalina, decidi ir para Caracas. Não era difícil, dezenas de voos internacionais ainda aterrissavam diariamente nos aeroportos venezuelanos, e era possível comprar passagens em desvalorizados bolívares.

Aterrissar no Aeroporto Internacional de Maiquetía, no litoral central do país, é sempre uma experiência carregada de emoção. O turquesa do Caribe pode ser uma imagem clichê, mas seu significado vai além da beleza, mesmo para mim que sou do interior do país. Embora os caraquenhos tenham um ditado arrogante que diz "Caracas é Caracas, e o resto é só mato e cobra", a capital venezuelana é bastante acolhedora. É difícil explicar a magia daquele vale protegido pelo monte Ávila, cujas encostas verdes são visíveis de quase qualquer ponto da cidade. Em pouco tempo, você sente que sempre foi de lá e que nunca mais vai querer ir embora. Pelo menos foi o que aconteceu comigo, que cheguei sozinha à capital em uma madrugada no começo de 2004, com uma mochila no ombro, e em questão de meses me enraizei de maneira extremamente íntima, de uma forma como nunca acontecera na minha Maracaibo natal, onde morei até os 22 anos.

Em 6 de março de 2013, a Venezuela amanheceu pela primeira vez sem Chávez. Nessa tarde, a fila no aeroporto estava cheia de jornalistas, muitos dos quais tinham sido correspondentes durante os primeiros anos da revolução bolivariana liderada pelo Comandante, sempre carismático e onipresente. Uma piada recorrente era que, sem saber, o presidente venezuelano tinha mudado a vida de muitos jornalistas, e eu me incluía nesse grupo. Sua morte, para muitos, era também o fim de um capítulo.

Meus amigos tinham descido até Maiquetía, a pequena cidade no litoral onde fica o aeroporto, para me buscar. Eu estava ali a trabalho, pois tinha vendido a matéria para uma publicação brasileira, mas voltar à Venezuela era sempre um assunto familiar. Toda vez que chego a São Paulo, não ter ninguém me esperando do outro lado das portas automáticas do aeroporto de Guarulhos é um lembrete imediato de que, embora eu me sinta muito à vontade nesta cidade, ela não é a minha casa, é apenas o lugar onde estou morando. Na Venezuela isso não acontece, a família, seja a adotada ou a de sangue, sempre está lá, me esperando.

Deixamos o Caribe para trás e subimos rumo a Caracas pela rodovia que a liga a Maiquetía, perfurando com longos túneis os morros de verde infinito que resguardam o vale. Sergio estava ao volante. Esse caminho, agora famoso por roubos e sequestros, era o que muitas vezes fazíamos anos atrás aos domingos em sentido contrário, Sergio e eu, vencidos por mágoas do coração ou por ressacas indomáveis, quando descíamos para comer peixe na praia. "Porque a brisa do mar vai nos fazer bem", dizia ele, que tentava curar os nossos desacertos no amor e na bebida com a famosa brisa marítima, com a mesma fé que tinha minha mãe quando queria resolver qualquer problema de saúde com babosa. Em 2019, com o mar a horas de distância e sem um exemplar dessa planta carnuda em casa, me dá saudade daqueles remédios tão à mão e sempre disponíveis.

A estrada estava iluminada, mas deserta, assim como Caracas, em cujas ruas quase não havia carros circulando naquela noite. Entrando na cidade, fomos direto para o centro e depois para Forte Tiuna, o complexo militar onde Hugo Chávez começava a ser velado. À medida que nos aproximávamos, íamos vendo mais carros e mais pessoas. "Chavista para sempre", dizia o vidro traseiro do automóvel que estava à nossa frente. De repente, ônibus, motos, vans — e centenas de pessoas de camiseta vermelha, a cor da revolução. Era como se a cidade que não estava nas ruas estivesse ali.

Descemos do carro e começamos a andar em direção a Los Próceres, o passeio que conta vários séculos de história venezuelana, homenageia os nossos heróis e recorda as batalhas da Independência, essa tradição patriótica tão autóctone. É um longo percurso a pé, que começa num obelisco e avança demarcado por longas fileiras de postes de iluminação de um lado e do outro. No meio, um espelho de água. Pelo caminho há fontes, esculturas, pracinhas, bancos, duas filas de palmeiras e uns terrenos arborizados onde estão estacionados tanques e veículos militares vazios, que as crianças usam para brincar. Só reparei nessas carcaças quando, vários dias depois, um colega que foi correspondente de guerra me disse, num tom crítico e com pena ou condescendência pelo país que não lhe pertencia, mas a mim sim, que aquilo lhe lembrava o Iraque. Fiquei surpresa ouvindo isso porque para mim, que aprendi em anos de aulas de história que o nosso Exército libertou cinco países no século XIX, não havia nada mais normal que brincar de guerra.

Havia umas pequenas bandeiras venezuelanas adornando cada um dos postes, todos acesos. Um sem-número de veículos e ônibus com lemas revolucionários escritos nas janelas estava estacionado nos dois lados do passeio, que é usado por muita gente como parque aos domingos. As pessoas avançavam para as instalações da Academia Militar numa caminhada de uns dois quilômetros em linha reta.

Na metade do eixo, dois enormes monólitos de mármore branco fazem um resumo das quatro principais batalhas da Independência. Entre eles, outros dois blocos de mármore preto, sobre os quais se erguem nossos próceres, incluindo, claro, Simón Bolívar, o herói cultuado do século XIX cujo nome nós aprendíamos no ensino fundamental e reforçávamos no ensino médio com uma disciplina dedicada exclusivamente a ele.

Em 1987, quando eu tinha uns seis anos, meu pai levou pela primeira vez minha mãe, meus irmãos mais velhos e a mim para Caracas e, como era um entusiasta da história nacional, Los Próceres era visita obrigatória. Se para um adulto ficar parado no meio dos dois blocos de mármore preto, com os olhos de todas as estátuas em cima de si, oferece uma perspectiva imponente, para uma criança era muito mais. Ali se sente o peso da história desse exército de jornadas heroicas, que Chávez, que se achava herdeiro espiritual de Bolívar, não se cansava de exaltar.

Uma enorme bandeira da Venezuela estava pendurada entre os dois monólitos, tremulando acima das cabeças de Bolívar e de seus companheiros de armas. A iluminação era deslumbrante, assim como o céu, que, como contavam os jornais, naquela noite parecia grená, num espetáculo que determinava o clima e acentuava o misticismo de Chávez.

Depois dos monólitos, foi instalada uma barreira de cones alaranjados para impedir a passagem de veículos. Com o prolongamento do velório, uma linha improvisada de mototáxis se estabeleceu nesse ponto para fazer o trajeto de um quilômetro até as instalações da Academia Militar, onde estava o corpo do Comandante. Se há algo em que os venezuelanos sempre demonstram ter habilidade é para capitalizar rapidamente as situações.

Foi nesse mesmo pátio que, em 1975, Chávez concluiu sua formação militar, recebendo na cerimônia de formatura um sabre, como é de costume, das mãos do presidente da República. Ironicamente, essa honra coube a Carlos Andrés Pérez, que exercia seu primeiro mandato como chefe de Estado. Seria justamente o mesmo Pérez, durante o seu segundo governo, que Chávez tentaria derrubar com um golpe em 1992. "Ninguém sabe para quem trabalha", dizia sempre a minha mãe.

A avenida que leva ao pátio da Academia, com arquibancadas dos dois lados, foi cenário de desfiles militares durante décadas. Agora estava tomada por pessoas que não paravam de chegar para se despedir do seu líder. Muitos passariam várias noites naqueles jardins, acendendo velas e rezando para seus santos em pequenos altares improvisados. Outros ficaram na fila durante horas, e entre lágrimas e sorrisos lembravam episódios e palavras do presidente.

Desde o início da democracia venezuelana, em 1958, nunca antes um presidente havia morrido no comando do país. Por outro lado, Chávez tinha apenas 58 anos num país cujos políticos têm fama de longevos. Sua morte não tinha antecedentes emocionais nem logísticos nas últimas décadas. O velório e o enterro transcorreram da mesma forma que seu governo: seguindo um protocolo particular, improvisado o tempo todo, com decisões surpreendentes e cheios de simbolismos e discursos patrióticos e nacionalistas. Tudo televisionado.

Quando Chávez entrou em nossas vidas, na madrugada de 4 de fevereiro de 1992, morávamos na minha Maracaibo natal. Meus pais não eram de lá, mas suas vidas convergiram para esse lugar. Eu tinha dez anos e estava começando o ensino fundamental. Ouvi o barulho da grade do portão de casa, não estava amanhecendo ainda. Era meu pai, que tinha saído uma hora antes para fazer seu percurso de transporte escolar. Não era normal ele voltar antes das oito horas da manhã. Não tive tempo de lhe perguntar coisa nenhuma, porque ele foi direto ligar a televisão, que nessa época era a nossa conexão com o mundo.

Meus pais obtinham a maior parte de suas informações pela televisão. Eu pensava nos jornais impressos como coisa de gente culta e com dinheiro suficiente para comprar todo dia algo que jogaria fora algumas horas depois. Não era o nosso caso, pois nem éramos muito cultos nem tínhamos dinheiro.

Junto de meus dois irmãos mais velhos, ainda terminando de vestir o uniforme do colégio, vi imagens de um tanque tentando derrubar os portões do Palácio de Miraflores em Caracas, o presidente Carlos Andrés Pérez afirmando que a situação estava sob controle, contatos telefônicos dos repórteres com Valencia, Maracay e Maracaibo, a nossa Maracaibo, onde "os rebeldes" tinham tomado de assalto a residência do governador do estado que ficava a poucas quadras de casa. A rua estava em silêncio, como no domingo de um feriado prolongado.

No meio da manhã, a televisão mostrou a rendição do então desconhecido tenente-coronel Hugo Chávez. Jovem, alto, com seu uniforme verde-oliva coroado por uma boina vermelha, que depois se tornaria um ícone, "o comandante Chávez" apareceu diante das câmeras naquela confusa manhã de 4 de fevereiro com uma subversiva mensagem de rendição que bateu fundo. O golpe de Estado foi controlado pelo governo, mas o "por enquanto" de Chávez, durante anos analisado, transmitiu mais uma sensação de começo que de fim.

Para mim, o dia terminou apenas como mais um feriado. Jesús, meu irmão mais velho, permaneceu indiferente, ele não demonstrava empatia por nada que não trouxesse alguma consequência imediata e tangível para a sua vida. Já Andrés, meu segundo irmão, parecia entusiasmado, e até foi para a rua com tinta preta e escreveu numa parede vizinha um tímido "Viva Chávez". O país vivia momentos difíceis, não só devido à dura crise econômica que se instalara como ressaca do boom petroleiro dos anos 1970, mas pela violência que tinha começado a despontar a partir do Caracazo, a revolta de 1989 que abalou o governo do recém-eleito social-democrata Carlos Andrés Pérez.

O ponto de honra que desencadeou essa revolta foi o aumento do preço da gasolina. Foi um erro de cálculo enorme, porque assim como os venezuelanos acham que a água de todas as praias é quente e de cor turquesa, também assumimos que se temos petróleo à vontade a gasolina tem que ser grátis.

Minha mãe abraçou a causa do tal Chávez, mas quando o Comandante morreu, em 2013, do seu ardor inicial não restava nada além de frustração. Tudo havia mudado, mas nada havia realmente mudado. Ela não tinha mais autonomia econômica, nem era mais rica que vinte anos antes. Na verdade, a poupança que conseguiu fazer durante a primeira década de Chávez, a dos tempos de bonança, foi consumida na reta final do governo dele pela desvalorização e pela escassez de produtos, o que a obrigava a comprar quase tudo no mercado paralelo.

Em 2013, minha mãe morava sozinha na mesma casa da minha infância, ou pelo menos no mesmo lugar, porque a casa já não era a mesma, nada era igual. Com o passar dos anos e o aumento da violência, minha mãe a transformara numa fortaleza de onde ninguém entrava e ninguém saía depois do pôr do sol.

A notícia da morte de Chávez não a afetou. Ela ouviu o boato que circulava de que o presidente tinha morrido antes, em Cuba, e seu séquito demorou a anunciar o fato para ganhar tempo. Conversávamos diariamente pelo telefone quando eu estava em Caracas cobrindo o enterro, e enquanto a ouvia criticar tudo o que antes defendia com veemência, observava os seguidores do Comandante manifestando sua simpatia das formas mais diversas; no mínimo, usando uma camiseta vermelha.

Passei muitas horas em Los Próceres, conversando com as pessoas que vinham de todos os lados do país para se despedir de Chávez. Estavam tristes, mas confiantes de que o legado do presidente permaneceria. O país tinha problemas, sim, mas não era culpa do presidente, era a oposição, a greve do petróleo, a sabotagem, a guerra econômica e, claro, o "império", como chamávamos os Estados Unidos graças a Chávez, que ressuscitou um léxico nacionalista em seu afã de impor uma tendência.

O luto se misturava com a incerteza quanto ao futuro. Enquanto o povo chorava por Chávez, também tinha que assumir que a vida continuava e que era preciso escolher um novo presidente para substituir o líder morto, por mais que para eles o Comandante fosse insubstituível.

Ao contrário dos milhares de pessoas que me rodeavam em Los Próceres, minha mãe não estava sofrendo por causa da morte de Chávez. "Ladrões", dizia a respeito de cada líder de esquerda que chegava a Caracas para trazer suas condolências. Nem o príncipe espanhol Felipe, que ela sempre elogiava, se salvou da sua ira.

O velório se estendeu tanto que a questionada posse de Nicolás Maduro como presidente interino passou quase despercebida. As pessoas continuavam fazendo fila para ver pela última vez o homem cujo rosto tínhamos nos acostumado a ver todo dia em intermináveis discursos televisivos. Em Los Próceres, nem todos concordavam com a decisão de Chávez sobre sua sucessão, mas a respeitavam. Já havia um clima de campanha, com camisetas e cartazes prometendo votos para o herdeiro político do Comandante.

Esse clima de campanha sempre foi característico do governo Chávez. Tínhamos eleições com muita frequência: nova Constituição, plebiscitos, mudanças constitucionais, mais plebiscitos, prefeitos, governadores, vereadores e, claro, nova eleição presidencial. Mal saíamos de uma votação, entrávamos no cronograma eleitoral de outra. Isso estimulava a tensão constante de protestos nas ruas, a favor e contra, porque, ao contrário do que ouvia com frequência no Brasil, existem protestos a favor, pelo menos na Venezuela. Chávez usava o nosso rosário de eleições como argumento para mostrar como seu governo era democrático.

Chávez ganhou quase todas as eleições de que participou. As primeiras, é preciso dizer, por sua popularidade arrasadora, mas pouco a pouco o uso do aparato estatal e a parcialidade do sistema eleitoral foram deixando em evidência um sistema de votação que, devido às pressões, era auditado em cada etapa. Os adversários de Chávez viviam cada votação em ritmo de "agora sim", numa espécie de tudo ou nada no qual se decidia a sorte de um país. Mas ganhar parecia quase impossível, embora, pelo menos na primeira década da revolução, não parecesse provável uma fraude nas urnas, que eram auditadas manual e eletronicamente. A armadilha, de novo, estava na desigualdade da disputa. O impacto da lista "Tascón", que deixou milhares desempregados, permaneceu na psique nacional, e muitos temiam que seu voto, que devia ser secreto, fosse revelado. Com um Estado nacionalizando tudo o que havia pela frente e se transformando quase que na única fonte de renda, isso era um risco que podia cobrar um preço muito alto. Mas o chavismo também perdeu algumas eleições, o que desmentia a tese de fraude eleitoral esboçada continuamente por alguns líderes opositores. O problema é que o governo não aceitava as derrotas. Quando Chávez perdeu o plebiscito para a reeleição indefinida, em 2007, reconheceu o resultado que favorecia a oposição qualificando-o como "uma vitória de merda" e convocando outra eleição para votar o mesmo ponto. Quando seus candidatos a prefeito ou a governador perderam, como aconteceu em 2008, ele criou cargos paralelos para aniquilar administrativamente os governantes opositores eleitos. Quando a oposição conquistou em 2015 a maioria no Congresso, Maduro, o sucessor do Comandante, tentou dissolver o Legislativo com uma decisão judicial, mas ao enfrentar protestos multitudinários inventou uma Assembleia Nacional Constituinte para funcionar de forma paralela.

No final do dia, ir votar ou não era um debate adicional e estéril que drenava as energias de um país já esgotado.

Em Los Próceres, olhando aquela maré de fiéis em procissão, eu pensava nas palavras de Gabriel García Márquez, que, depois de um voo com Chávez entre Havana e Caracas após a eleição presidencial de 1998, escreveu "O enigma dos dois Chávez". O colombiano termina esse texto dizendo que teve a sensação de ter conversado com dois homens opostos. "Um, a quem a sorte empedernida oferecia a oportunidade de salvar seu país. E o outro, um ilusionista que podia entrar para a história como mais um déspota."

Eu não tinha dúvida de qual dos dois representava o que Chávez tinha sido em nossas vidas, mas vendo tantos milhares de pessoas num luto que se pintava de vermelho, e lendo as previsões econômicas para o futuro próximo, consequência da desastrosa administração revolucionária, parecia não só que a leitura imediata dessa parte da população era diferente da minha, mas que com Chávez se vivia melhor. Eles veriam na morte dele uma explicação para a miséria que se aproximava.

Aproveitei os dias que ainda me restavam na Venezuela para fazer uma visita surpresa a Maracaibo para ver minha mãe. Ao contrário de Caracas, em Maracaibo não se sentia o clima de luto, e em minha casa muito menos. Minha mãe não queria nem conversar sobre o assunto, limitava-se a dizer: "Ele já estava morto havia muito tempo, essa gente só sabe mentir".

As ruas da cidade que havia sido a promessa do progresso nacional estavam mais sujas do que eu lembrava. A despeito dos seus orgulhosos habitantes, Maracaibo nunca me pareceu especialmente bonita, mas agora era outra coisa, imperava um ar de descuido. Os supermercados, com suas prateleiras vazias, eram apenas galpões com luzes brancas de néon e geladeiras com alguns pés de alface e outras folhas verdes em mau estado. Só serviam como um descanso para se refrescar com ar-condicionado por alguns minutos naquela cidade que fervia desde o meio da manhã. Era fácil saber quando havia comida no mercado: se tinha fila na porta, era porque alguma coisa estava à venda. Se estivesse deserta, é que não havia nada para comprar.

Todo mundo vivia na caça. Se alguém passava carregando uma bolsa com rolos de papel higiênico, num ato reflexo você logo perguntava onde conseguiu. Se havia uma pequena aglomeração nos corredores de uma loja, era porque algum produto estava prestes a chegar, e então você também se postava lá à espera.

As pessoas rondavam pelas ruas como cachorros tentando farejar qualquer coisa. Apesar de todo mundo ter suas teorias de como se abastecer, eu estava começando a achar que conseguir comida era uma questão de sorte. Você tinha que estar no lugar certo na hora certa. Por isso às vezes as pessoas permaneciam nos supermercados, mesmo vazios, num ato de fé à espera de aparecer alguma caixa de comida, porque quando os produtos chegavam não duravam nem uma hora antes de acabar.

Essa incerteza gerou um novo nicho de mercado, descoberto pelos jovens que antes trabalhavam nas caixas registradoras empacotando as compras: criar listas personalizadas de aviso. O cliente deixava seu telefone e pagava para que lhe avisassem por mensagem de texto quando chegasse o produto ou os produtos de que necessitava. E assim vivia o pessoal em ritmo de alerta: "Chegou o arroz, corre que tem três caixas, um quilo por pessoa", "Chegou o azeite, uma garrafa por cabeça". Informação privilegiada que se pagava adiantado.

Os únicos produtos que se encontravam nas estantes com certa frequência eram aqueles não tão básicos ou necessários, coisas totalmente aleatórias como copos de plástico ou graxa para sapatos.

Com a escassez mais acentuada, fazer compras exigia paciência e tempo. Coisas básicas como arroz, frango ou a tradicional farinha de milho para fazer arepas só se conseguiam depois de bater perna, e sempre de forma racionada, porque o estoque era limitado e estava disponível em poucos supermercados. Aproveitei minha estada em Maracaibo para ir às lojas e comprar a maior quantidade de comida possível para estocar, mas passava muitas horas nas filas, e o dia ia embora sem eu conseguir grande coisa.

Andrés, que agora era policial, às vezes tinha que vigiar os supermercados abastecidos pelo governo, mas quase nunca nos avisava quando chegava algo porque achava desonesto nos dar essa vantagem.

Não sei se eu preferia fechar os olhos, ou simplesmente não me dava conta de que podia aproveitar cada viagem a Maracaibo para levar uma boa compra de mercado. O fato é que naquele tempo, só levava na mala algumas coisas bem específicas, como a bebida de proteína que mamãe precisava tomar para manter a pouca massa muscular que ainda tinha aos seus quase setenta anos, ou alguns chocolates ou doces que, em tamanha fragilidade econômica, ela não se permitiria comprar nem se encontrasse.

Fazia uma década que o governo mantinha uma tabela artificial de preços de alimentos, produtos e dólares. Era uma situação absurda, porque os valores estavam defasados da realidade econômica que os comerciantes e produtores enfrentavam.

O problema é que era o mesmo executivo quem ditava o preço do dólar. Enquanto a cotação oficial permanecia quase inalterada, o câmbio no mercado paralelo ia se desenvolvendo num ritmo próprio, e assim, no começo de 2013, por exemplo, o governo dizia que o dólar custava 6,30 bolívares, mas no mercado paralelo era comercializado a 17,32 bolívares. Essa diferença se ampliou de forma abismal com o tempo.

Também surgiu um poderoso mercado paralelo de alimentos. Minha mãe se irritava porque os vendedores informais — que depois seriam apelidados de *bachaqueros* em homenagem ao *bachaco*, uma formiga grande muito comum na região — vendiam nas esquinas ou no centro da cidade a farinha PAN, marca predileta para as arepas e nosso verdadeiro emblema pátrio, por um preço três vezes maior do que o que o governo dizia valer.

"Ladrões", reclamava. O que minha mãe não entendia é que, devido aos entraves burocráticos do governo, os comerciantes e produtores sofriam para conseguir os dólares oficiais necessários para comprar insumos e pagar as importações. Indo ao mercado ilegal para obter divisas, os preços triplicavam, criando toda uma economia paralela.

Isso provocava uma discussão familiar, porque, como os meus dias de visita se resumiam em ficar zanzando nos supermercados em vez de passar meu tempo com ela, eu me oferecia para comprar as coisas com os revendedores e resolver o problema de forma mais rápida, pensando no clássico custo-benefício. Mas minha mãe não concordava. "Como você tem dinheiro de sobra, não se importa em gastar assim", acusava ela, reforçando a sua crítica recorrente de que eu era uma "desmiolada" como meu pai.

Eu não tinha dinheiro de sobra, morava em São Paulo, e na verdade quase não conseguira trabalhar nos últimos anos fora da Venezuela. Mas poder conseguir dólares me permitia entrar na lógica do mercado paralelo e comprar alimentos sem o impacto econômico que tinha para alguém que, como minha mãe, recebia em bolívares um salário mínimo que a cada dia era mais simbólico.

Inflação, desvalorização, estancamento do aparelho produtivo, queda da produção petrolífera, crise provocada pela distorção do preço da gasolina, pagamentos internacionais em aberto e estragos na cadeia de exportações devido ao controle de divisas foram algumas das consequências do laboratório de práticas econômicas que Chávez promoveu desde 1999.

Os preços do petróleo, que tinham atingido seu pico no ano anterior, começaram a baixar. Eu não podia imaginar um cenário pior do que sair correndo para um supermercado aos gritos de "chegou o frango", ou passar horas numa fila para poder comprar um quilo de farinha. Mas as coisas sempre podem piorar, essa foi a lição que o país aprendeu na marra. De fato, olhando em retrospecto, 2013 não parece tão ruim em comparação com o que viria depois.

Em Maracaibo, minha mãe ainda tinha parte da comida que eu estocara na última viagem de fim de ano. Enquanto em Caracas era mais fácil encontrar produtos industrializados, na minha cidade as frutas e verduras não eram tão escassas como na capital. Perto de casa, uma família andina que tinha cultivos num povoado próximo trazia um caminhão de comida todo fim de semana para montar uma pequena feira, onde vendia tudo em poucas horas.

Minha mãe e eu, que discutíamos por quase tudo, nunca concordávamos em relação às estratégias econômicas. Ela não apenas desprezava qualquer sugestão que eu fizesse, o que me magoava, mas também me agredia dizendo que, por morar fora do país, eu não era mais a mesma. Havia um desprezo claro por quem não estava mais na Venezuela, porque a vida lá fora parecia fácil. Esses comentários me faziam lembrar do meu pai e da relação que ele tinha com a Espanha, que eu não entendia quando era criança. Agora, adulta, quando minha mãe questionava minha venezuelanidade, eu me perguntava se essas coisas também o teriam afetado na sua época.

Apesar da minha proximidade com meu pai, eu era quase uma menina quando ele morreu. Tinha me acostumado a ouvi-lo gritar de noite, quando sonhava com a guerra. Meu quarto, tão improvisado como o meu nascimento, era separado do quarto dos meus pais por uma janela sem vidros.

Eu o admirava tanto que o imitava, a ponto de provar meu primeiro cigarro aos catorze anos porque me fazia lembrar do cheiro dele. De noite, "bebíamos" juntos, ele tomava uma cuba-libre atrás da outra, e eu fazia limonadas para acompanhá-lo no mesmo ritmo. Depois dos "drinques", jantávamos juntos e nos sentávamos na frente de casa para ver as estrelas. Era como se ele e eu vivêssemos num mundo particular ao qual nem meus irmãos nem minha mãe tinham acesso. Meu pai me falava do campo de concentração como uma coisa que tinha acontecido com outras pessoas. Ele era sempre uma espécie de testemunha. Em seus relatos, as torturas, as feridas e as humilhações ocorriam com outros, não com ele. Tinha presenciado um menino morrer com o crânio esmagado por um soldado, contava, e colegas seus serem assassinados por alemães que decidiram que eles não tinham utilidade. Também me falava de um quadro de couro que um militar tinha em seu escritório e que umedecia com sangue. Não entendo como meu pai sobreviveu àqueles quase seis anos. Mas compreendo por que ele não me contava diretamente o que tinha vivido.

Meu pai era orgulhoso, tanto que nunca nos levou ao Clube Galego nem estimulava que nos relacionássemos com filhos de espanhóis. Ele mesmo dizia que não quis voltar a ser espanhol quando Franco morreu; apesar da insistência de minha mãe, para ele a Europa, que tanto mal lhe fizera, era passado, não futuro. Meu pai era venezuelano, e ponto-final. Durante anos me perguntei se ele de fato não queria voltar, ou se era simplesmente medo de voltar a sentir saudades da sua terra, agora desta, a adotiva.

De qualquer maneira, os sonhos de minha mãe de um dia ir passear às margens do Sena ou conhecer a torre Eiffel foram por água abaixo.

Longe de Paris e de uma Europa moderna, nos tempos da revolução, minha mãe vivia numa Venezuela em eterna pós-guerra. Eu insistia, rendida ante as filas intermináveis e as dificuldades logísticas, que era hora de ceder e comprar no mercado paralelo. Eu poderia trocar dólares com mais frequência e contribuir para o abastecimento da casa. Mas mamãe se recusava. Como eu podia pensar em comprar um frango por tanto, ou um quilo de tomates por tanto. Parecia uma questão de honra para ela: ir ao supermercado, exigir ser atendida no caixa preferencial por ser da terceira idade e andar de bengala, e sair de lá com uma compra pelo preço oficial. Que orgulho ela sentia. Já eu era uma boba que, como ganhava em dólares (porque tudo o que não fosse bolívar era dólar), não entendia o valor das coisas e queria esbanjar dinheiro com tomates e frangos mais caros nesses mercados ilegais que proliferavam com a alta do dólar.

De noite, as ruas vazias e silenciosas de Maracaibo mostravam que a Venezuela, à luz da lua, era uma terra de ninguém. Em Caracas, a mesma coisa. Bastava o sol se pôr e todo mundo sumia das calçadas. Não creio que exista um cálculo estatístico real, mas não tenho dúvidas de que naquela época era mais provável ser assaltado depois do entardecer que encontrar um quilo de carne.

Detectores de metal proliferavam nas portas de bares e restaurantes da capital para evitar pessoas armadas, já que o porte de arma era coisa comum. Qualquer noitada podia acabar em discussão, e qualquer discussão podia acabar em tiros.

Ao contrário de Maracaibo, nas ruas de Caracas apareceram grafites que reproduziam os olhos de Chávez por toda parte. O líder da revolução bonita, agora morto, nos observava em todos os lados, inclusive em imóveis públicos como os prédios administrativos do Congresso. Era como se tentassem preencher a ausência dele com aqueles olhares que emergiam, vigilantes, quase de repente.

Ao final dessa viagem, eu me despedi de minha mãe com a mesma tristeza e frustração de sempre. Nós brigávamos muito, mas quando chegava a hora de abraçá-la para me despedir, as lágrimas escorriam. "Não chore porque assim me faz chorar também, filha", ela sempre dizia. "Você não pode, não tem lágrimas", respondia eu, com meu péssimo costume de soltar alguma piada sem graça para fazê-la rir quando ficava triste por sua realidade, a de uma mulher que perdeu as lágrimas ainda jovem por causa de uma doença que ninguém sabia de onde nem por que apareceu.

Não sei em que momento exato aconteceu, mas de repente era como se eu fosse a mãe e ela, a filha. Ir embora era deixá-la sozinha lá, indefesa, exposta. Mas também era perdê-la de novo, porque eu a perdia com frequência, em cada despedida. E a distância alimentava o meu medo de que um dia o telefone iria tocar com alguém dizendo que tinha acontecido alguma coisa.

Acho que naquele tempo eu não pensava muito na noção de casa, nem pensava em voltar. Saí da Venezuela em 8 de abril de 2010, um dia depois de fazer 29 anos. Chávez, em seu segundo mandato, controlava todos os poderes públicos. Olhando para trás, parece claro que nessa época nós nos adaptávamos a tudo sem perceber. Já tínhamos graves problemas de fornecimento de energia elétrica, os reservatórios de água estavam minguando, faltava comida nas despensas, a insegurança mandava nas ruas e a inflação estava chegando a 30%. Na época, eu ganhava quase 3500 bolívares, o equivalente a três salários mínimos, que eram insuficientes para cobrir uma cesta básica, avaliada em 3900 bolívares.

Era uma situação terrível, mas não me lembro de pensar isso na época. Na verdade, ir embora não estava nos meus planos. Eu não entendia como as pessoas iam embora — como se recomeça? Foi uma decisão difícil, que tomei por amor a um brasileiro que conheci em Caracas. Era uma história bastante comum, como vi na minha festa de casamento improvisada ao reparar que vários jornalistas estrangeiros que tinham chegado para cobrir a revolução se casavam com venezuelanas. O nosso diferencial, porque todo casal quer pensar que sua história é única, foi que nos casamos após menos de quatro meses de namoro e cinco horas antes de embarcar no voo que nos levaria para a China, o próximo destino de trabalho do meu então marido. Nós inventávamos os meses que não existiam quando nos perguntavam há quanto tempo estávamos casados, porque na verdade um dia, uma semana ou um mês não era temporalmente representativo daquele amor. Tudo foi tão rápido que acabei me despedindo de minha mãe num estacionamento, antes de ir para o aeroporto. Também me despedi rapidamente daquela Caracas que tanto havia aprendido a amar. Uma das últimas imagens que vi antes de entrar na rodovia para o aeroporto, no litoral, foram os edifícios do condomínio Vinte e Três de Janeiro, um conjunto residencial construído na metade do século xx pelo ditador Marcos Pérez Jiménez, como parte do seu plano-piloto para modernizar o país. Os edifícios, inspirados em conceitos de Le Corbusier, seriam destinados à população que começava a se instalar nos morros adjacentes a Caracas. Coração de transformações sociais e protagonista da história democrática venezuelana, atualmente o Vinte e Três de Janeiro não conserva o esplendor do seu projeto original que tanto encantou imigrantes europeus do pós-guerra, como meu pai. Reformado pela pobreza e próximo do palácio presidencial, esse bastião social de algum modo se transformou para sempre no retrato da Caracas do seu tempo.

Assim, me despedi da Venezuela e do Caribe, que haviam se tornado uma obsessão cada vez mais premente para mim. Levei duas malas e deixei três caixas de livros com minha mãe, a quem também entreguei meu carro e os poucos eletrodomésticos que tinha. Por causa do controle de câmbio que havia no país e da minha situação financeira precária, fui embora sem um tostão no bolso. Da noite para o dia, eu estava casada, sem trabalho e num país a milhares de quilômetros, onde existiam estações do ano. Vivia dividida entre os países, querendo entender a China, o Brasil, que agora tinha que adotar à distância, e a Venezuela, que era a minha única referência. Eu me sentia minúscula em Pequim, onde tudo era novidade e onde o que se sabia sobre a Venezuela, no melhor dos casos, era que tínhamos misses e Chávez. Todas as minhas tímidas intervenções em encontros ou jantares começavam com: "Na Venezuela…". Alguém próximo a mim observou que era minha única forma de conversar, e na verdade eu não sabia quase nada que não fosse relativo ao meu país. Como diz aquela frase de Leonardo Padura em *O homem que amava os cachorros*: "De que mais senão do mar podem falar os náufragos?".

Antes disso, eu só tinha saído da Venezuela para idas ocasionais à fronteira e umas duas viagens à Colômbia de avião. Arranhava um inglês não estudado e não tinha a metade da experiência das pessoas com quem convivia. Com esse desafio, e a necessidade de me encaixar no ambiente, fiz um esforço para me desapegar um pouco do meu país. "Nem tudo passa pela Venezuela", ouvi daquele amigo que implicava com a minha propensão a dar um rumo caribenho a qualquer conversa. Aprendi a falar português, um pouco de chinês e me concentrei em não mencionar a Venezuela a menos que fosse estritamente necessário.

Mas ao me mudar para São Paulo, no final de 2012, mais uma vez por exigência do trabalho do meu então marido, a proximidade física e o ocaso do meu país me levaram emocionalmente de volta para casa.

Durante meu primeiro ano no Brasil, fui quatro vezes à Venezuela. Aquela viagem impulsiva após a morte de Chávez foi a primeira. Regressei a São Paulo num voo que saía de Caracas quase à meia-noite. Na prática, era como levar um choque de realidade. Enquanto eu lutava naquela madrugada com minhas nostalgias e carências ao chegar no aeroporto de Guarulhos, a Venezuela, que ainda estava velando Chávez, vivia momentos cruciais. O país se preparava para mais um momento de "agora ou nunca", mais uma votação decisiva que os venezuelanos iam viver com a mesma efervescência com que tinham enfrentado os últimos anos de polarização.

A Venezuela, já acostumada com uma turbulência atrás da outra, emendou o velório de Chávez com uma campanha eleitoral para escolher o novo presidente. Maduro, sem carisma, com o preço do petróleo caindo, precisava de uma votação rápida, enquanto seu jovem opositor, Henrique Capriles Radonski, poderia ser beneficiado por um tempo maior, que ajudaria a desgastar o seu adversário.

Maduro, de fato, fez uma campanha medíocre, usando a rodo os recursos do Estado, como já era de costume naquela altura do campeonato. Sua tentativa de ser carismático era um pouco patética, parecia uma imitação muito ruim e forçada do seu antecessor, que agora estava numa espécie de mausoléu erguido às pressas num museu militar. Porque a revolução, nem para enaltecer seu líder máximo, conseguia ser eficiente. O momento que teve mais repercussão na curta campanha foi quando Maduro disse em discurso oficial que tinha se reencontrado com Chávez, agora "Comandante eterno", reencarnado num passarinho.

Minha mãe, que aos seus setenta anos havia aprendido a usar o computador para poder se comunicar comigo apesar da distância, descobriu encantada o oceano de opções do mundo virtual, em dramático contraste com a ausência cada vez mais notória de jornais e meios de comunicação independentes na Venezuela, que sucumbiam vítimas das pressões judiciais e econômicas do chavismo.

Pelo Twitter e pelo Facebook, Paulina mergulhou de cabeça na campanha de Capriles Radonski com o mesmo entusiasmo que tivera no passado pelo Comandante. Chegou até a se inscrever no comando de campanha desse advogado de quarenta anos que, na última década do chavismo, foi moldando seu estilo para se apresentar como a alternativa política possível. Capriles Radonski era o rosto de uma nova geração política que Chávez e seus seguidores atacavam por vir de uma família rica. Ex-prefeito de um município do Distrito Federal, ele esteve preso por alguns meses em 2004, quando minha mãe ainda comungava com a revolução. "Não voltarão", comemorou ela quando detiveram Capriles Radonski. Minha mãe, que repetia as palavras do Comandante, agora estava lá, elogiando o advogado a quem tinha desejado anos de reclusão numa das prisões mais degradantes do país. Era uma transformação impressionante.

A eleição presidencial que definiria a sucessão de Chávez estava marcada para 14 de abril de 2013, quarenta dias depois da morte do Comandante. Eu voltei a Caracas nessa época. A capital estava tensa, como estivera em cada uma das votações nos últimos catorze anos.

A cobertura prévia da imprensa local exigia acompanhar um calendário minucioso. Durante os anos de confronto, surgiram tantos questionamentos em relação ao sistema eleitoral que o processo era realmente desgastante. Apesar dessas reticências, minha mãe e muitos venezuelanos, fartos da revolução, consideravam possível um triunfo de Capriles Radonski, que em outubro havia sido derrotado pelo próprio Chávez na última disputa eleitoral da sua vida. Mas a realidade era que o chavismo, quando não ganhava, empatava. Ou então jogava outra vez para ganhar.

Para mim era impensável que a oposição vencesse. De novo, até aquele momento não havia provas consistentes de que as máquinas fossem fraudadas, mas a essa altura a parcialidade da maioria das autoridades do sistema eleitoral era gritante. Durante anos, o governo tinha usado recursos públicos e intimidado os eleitores sem ser questionado. Houve até uma reorganização do mapa eleitoral para favorecer o chavismo. Jorge Rodríguez, que havia sido presidente do Conselho Nacional Eleitoral entre 2003 e 2006, assumiu a vice-presidência da República meses depois de sua saída do CNE, e agora, junto com sua irmã Delcy, era uma das figuras mais fortes do governo. Ainda por cima, àquela altura do campeonato eu não imaginava Maduro entregando o poder mesmo se perdesse, certamente ele faria alguma coisa para continuar.

O chavismo venceu por uma diferença de 235 mil votos. A oposição contestou o resultado com protestos, repressão e feridos. De nada adiantou; as instituições, já totalmente parciais e fragilizadas, se movimentaram com uma rapidez revolucionária, e num piscar de olhos Maduro foi proclamado presidente.

A frustração bateu fundo em minha mãe, foi a última vez que ela votou. Passou a achar que não fazia mais sentido. Logo ela, que antes comemorava a continuidade da revolução ao compasso do famoso "Não voltarão" de Chávez, agora me dizia com resignação: "Essa gente não vai embora nunca".

Naquela noite, quando os resultados foram conhecidos, Maduro, imitando Chávez, apareceu no chamado "balcão do povo", no Palácio do governo, para festejar a vitória. O público presente estava longe das marés de gente que aplaudiam o Comandante nos seus triunfos. No meio das camisetas vermelhas, do rum e da festa, não era difícil perceber quem, como eu, estava lá a trabalho e não por prazer. Uma mulher se aproximou de mim para avisar: "É melhor ir embora, estão de olho em você". Não sei se ela estava exagerando, mas não me arrisquei a tentar descobrir. Segui o conselho e saí de lá pensando que as coisas tinham mudado, sim. Aquilo nunca tinha acontecido comigo em anos de cobertura do chavismo, percorrendo manifestações e contramanifestações. Pode parecer ingênuo, mas eu perdi o momento exato em que todo mundo começou a se odiar naquele país.

Fazia anos que eu tentava convencer minha mãe a vender a casa. Aquele espaço de duzentos metros quadrados ia ficando imenso à medida que ela envelhecia e perdia a mobilidade devido às doenças. Sua manutenção exigia dinheiro e pessoas contratadas que nunca eram de confiança, o que me deixava com a sensação constante de ameaça, sempre criando cenários que terminavam inexoravelmente em receber um telefonema dizendo que tinha acontecido alguma coisa com ela. A rua deserta à noite me deixava preocupada. Mamãe dizia que eu estava exagerando, mas numa madrugada de 2014 me ligou pelo Skype aos prantos porque tinha ouvido passos no teto. As duas caixas-d'água, necessárias numa cidade que sempre teve problemas de abastecimento, ficavam bem no teto do seu quarto. Já era comum que viessem roubar água de noite, mas naquela madrugada mamãe estava sozinha e teve medo de que tentassem entrar na casa. Como não havia sinal no telefone, ela fez a única coisa que podia fazer: apelou para mim, graças à internet. Como a polícia, superada pela violência, tinha deixado de ser uma opção, liguei para o meu irmão Andrés, que era policial, pensando que ele poderia fazer alguma coisa. Mas quando me atendeu, disse que não podia sair, porque exatamente naquele momento havia um tiroteio bem na frente da sua casa. Numa linha, eu ouvia minha mãe chorando desesperada, e na outra, o som dos tiros que retumbavam em frente à casa do meu irmão. Mais uma noite na Venezuela.

Mamãe ainda andava, dirigia e tinha autonomia em suas atividades diárias, mas não podia mais carregar coisas como as compras do mercado, nem subir escadas ou limpar a casa; foi preciso contratar uma empregada para trabalhar lá uma ou duas vezes por semana. Isso não era apenas mais uma despesa, com que não contávamos, mas implicava também colocar dentro de casa uma pessoa desconhecida, cuidando de uma velha num país onde ninguém confiava em ninguém.

Jesús não podia ficar com ela porque morava com a namorada, com quem minha mãe não se dava bem. Andrés, que morou com ela durante alguns períodos breves, não era uma opção confiável. Ele tinha o pior temperamento dos três, sempre se exaltava com facilidade e era pouco colaborativo. Minha mãe reclamava dele, dizendo que quando a visitava comia as coisas que não eram fáceis de comprar e nunca se dispunha a ajudar na limpeza da casa, que ela não conseguia mais manter.

É incrível quanta coisa girava em torno dessa bendita casa. Foi, na verdade, o temor de perdê-la que fez minha mãe abandonar o barco do chavismo alguns anos antes.

É difícil reconstruir a lista de nacionalizações e expropriações que Chávez realizou, mas essa política foi intensificada no seu terceiro mandato, entre 2007 e sua morte. A nossa Constituição, que o Comandante continuava reinterpretando e modificando apesar de ser obra do seu próprio governo, garantia o direito à propriedade privada. Mas o Legislativo, dominado na época pelo chavismo, aprovou um mecanismo legal que se resumia a permitir que o Executivo se apropriasse de propriedades comerciais ou industriais que considerasse estratégicas ou necessárias.

Assim, Chávez nacionalizou e expropriou companhias de telecomunicações e de eletricidade, bancos, petroleiras, mineradoras, fábricas de cimento, fazendas, empresas do setor de alimentos, produção e venda, e qualquer outra coisa. Muitas dessas decisões custaram caro ao país e deram em nada, cimentando a paralisação econômica que viria depois. Outras tiveram um tom dramático, como o caso de um fazendeiro que foi obrigado a assinar a entrega da sua propriedade em rede nacional de televisão. Mas nada superou uma cena, transmitida em fevereiro de 2010, com o presidente andando pelo centro de Caracas em companhia do prefeito e correligionário Jorge Rodríguez, aquele que anteriormente presidira o sistema eleitoral, e em menos de um minuto, num domingo qualquer, apontando o dedo indicador, expropriou três edifícios na marra. O diálogo, que ocorreu antes mesmo que o mandatário cumprimentasse o prefeito, prosseguiu assim:

"E este edifício?"

"É um edifício que tem casas comerciais no ramo de joalheria."

"Expropriem! Expropriem!"

"Certo."

"E aquele edifício lá na esquina?"

"São todos prédios comerciais."

"Bem, [a governadora] Jacqueline [Faría] me dizia agora mesmo que [Simón] Bolívar recém-casado morou naquela casinha ali [...], e agora lá tem umas lojas. Expropriem!"

"Claro, presidente."

"Este edifício aqui o que é?"

"Também um prédio com casas comerciais de propriedade privada."

"Expropriem!, senhor prefeito. Expropriem! Expropriem!"

No dia seguinte, os donos e funcionários das empresas que funcionavam nesses edifícios ficaram na rua.

Mamãe não pensava que Chávez, pessoalmente, chegaria a lhe tirar sua residência, mas temia que com tanta instabilidade jurídica alguém "botasse o olho na casa". Minha mãe tinha tanto orgulho de classe como das suas conquistas. Uma coisa era pôr contra a parede políticos que ela via como corruptos e responsáveis pela crise nacional. Outra era atacar empresários, comerciantes ou fazendeiros que podiam estar no lado contrário por serem ricos, mas aos seus olhos sintetizavam a ética do trabalho e do progresso que ela, como boa andina, venerava. Mamãe não podia apoiar um governo que ameaçava tirar dela algo que lhe pertencia para dar a uns "vagabundos que querem tudo de graça". Era assim que definia na época os beneficiários do aparato de Estado, que, para ela, estava viciado depois de uma década de chavismo.

Esse foi o ponto de ruptura e o fim da ilusão.

Minha mãe não foi a única da família a abandonar a causa. Pouco a pouco, meus tios, com exceção de três, debandaram decepcionados. Se antes um presidente tinha cinco anos para fazer o país avançar, Chávez, quando morreu, havia passado catorze anos com o maior volume de recursos do petróleo que a Venezuela já tinha visto e, no começo do mandato, com um sólido apoio social e político, porém deixou o país nas piores condições da sua história recente.

E o pior ainda estava por vir.

2

Durante minha infância, a saúde precária de minha mãe marcou o nosso relacionamento. Não lembro de nós duas brincando juntas, e embora tenha fotos em que ela aparece comigo no colo, uma de minhas frustrações é não lembrar se ela me abraçava com frequência. Minha mãe estava tão debilitada pela artrite que, quando eu me aproximava dela na infância, ela gritava para não tocá-la, com medo de sentir dor. Ela era magra, usava uma prótese para completar os dentes que perdera em sua adolescência pobre, quando tratamento odontológico era um luxo de ricos, tinha cicatrizes de cirurgias antigas no abdômen, e depois ganharia outras nos joelhos e nos quadris. Não nasciam fios grisalhos em seu cabelo preto-azeviche nem rugas em seu rosto redondo que revelava anos de cortisona. Quando a dor atacava, ela não conseguia nem se pentear. Ficava furiosa por qualquer coisa. Um dia, quebrou todas as porcelanas que enfeitavam a sua penteadeira num ataque de raiva. Em outra ocasião, quase bateu com o carro voltando da minha escola. Ela não sabia como lidar com a dor nem com as limitações que as doenças lhe impunham.

Também ficava furiosa porque meu pai me mimava.

Antes de conhecer minha mãe, ele tinha formado uma família em Caracas com dois filhos e uma filha, mas viajava muito por causa do trabalho. Minha mãe repetia o tempo todo que meu pai, agora mais velho e estável, sonhava ter outra filha. Quando eu nasci, dizia ela, meu pai, que tinha sessenta anos, "enlouqueceu" de alegria. É verdade que ele me protegia e que a nossa relação era tão sólida que nossas rotinas e os momentos que passei com ele ocupam quase todas as poucas lembranças que tenho da minha infância. Mas minha mãe achava que ele estava me transformando numa garota mimada que vivia fora da sua realidade, a de ser pobre.

Em meio à minha fascinação por meu pai, eu não percebia que ele era muito velho. Muito menos sabia que aquele homem, que fumava, bebia rum religiosamente e não economizava em fritura, tinha problemas de coração e água nos pulmões. Em casa, quem estava doente e podia morrer a qualquer momento era minha mãe, pelo menos é o que ela repetia. Foi por causa dela que desde pequena me familiarizei com hospitais e ambulâncias. Nós sempre recorríamos à rede pública, que funcionava bem e não nos exigia o dinheiro que não tínhamos.

Minha mãe, professora aposentada em idade precoce justamente por causa dos seus problemas de saúde, tinha acesso ao centro de atendimento médico do Ministério da Educação, que era gratuito. Eu fui tantas vezes com ela às consultas que as enfermeiras e os médicos de lá me viram crescer. Seu histórico de saúde ocupava dois volumes enormes, de proporções enciclopédicas, e não incluía emergências nem hospitalizações, que não podiam ser feitas lá por ser apenas um centro de especialidades. Jesús e eu até hoje fazemos piadas com o prontuário "1027", número que classificava os volumes de nossa mãe.

Já meu pai raramente ia ao médico, e quando ia era em hospital público, que, naquela década crítica dos anos 1980, continuava sendo uma opção. Estranhamente, na única noite que me lembro de ter visto meu pai pedindo para ser levado à emergência, minha mãe decidiu ir a uma clínica particular. Era 1993, já tínhamos passado o Caracazo, os dois golpes de Estado e o impeachment de Pérez. O país estava mais convulsionado do que nunca, tínhamos cada vez mais limitações econômicas, que minha mãe se encarregava de lembrar, repetindo, quase como um mantra: "O cobertor é curto". Meu pai sentia dores no peito, mas eu não sabia que isso era um sintoma de infarto. Eu não sabia nem o que era um infarto, mas minha mãe claramente sabia, e por isso, embora o nosso cobertor não permitisse tal coisa, rumou diretamente para uma clínica. Ir a um hospital público era um risco que ela não queria correr naquela situação. Era como apostar na roleta.

Mas eram outros tempos, vivíamos numa outra Venezuela. Meu pai deu entrada sem que nos pedissem nem mesmo um cheque, se tivessem pedido tampouco teríamos. Não sei o que se passava na cabeça de minha mãe nesse momento. Ela tinha essa mania de acreditar que de algum jeito as coisas sempre se resolviam. Às vezes acho que é uma coisa que acabei interiorizando. Ou talvez seja algo característico da nossa forma improvisada de ser no Caribe, como se viver fosse um permanente ato de fé. E o fato é que vi durante muitos anos as coisas se resolverem, de um jeito ou de outro.

Meu pai morreu na manhã seguinte, em 22 de novembro de 1993. Deixou para nós as recordações, uma história de vida que não compreendíamos muito bem e uma caminhonete velha, que passava mais tempo na oficina que na rua. Ele não tinha um tostão, tudo o que ganhava deixava em casa. Seus três filhos do primeiro casamento vieram de Caracas. Entre eles e nós havia uma diferença etária de décadas. Claudio, o mais velho dos outros filhos, era quase da idade de minha mãe. Eles, em melhor condição econômica, se encarregaram da conta da clínica com uns cartões de plástico, que até aquele momento eu só tinha visto no cinema. Não entendo como minha mãe pretendia pagar aquela dívida, mas, de novo, as coisas se resolveram.

Na Venezuela governada por Maduro, ao contrário de antes, todas as teorias e fórmulas de minha mãe para enfrentar os problemas se revelaram ineficazes. Ela tinha conseguido nos criar de forma modesta, mas sem deixar que conhecêssemos a pobreza. Não devia nada a ninguém, e ainda tinha uma casa e um carro em seu nome. Ela, que havia progredido tanto, em sua etapa mais vulnerável enfrentava provações numa Venezuela que começava a viver na base do salve-se quem puder. Ela ficava arrasada com isso, e eu começava a duvidar de que agora as coisas também pudessem se resolver de um jeito ou de outro.

Em 2013, quando sua bengala de três apoios não era mais suficiente e o andador se tornou rotineiro, eu insisti, mais uma vez, que era necessário vender a casa e comprar um apartamento pequeno, que não apenas seria mais prático, mas também a deixaria menos exposta à criminalidade que não parava de aumentar. Era uma discussão que sempre terminava da mesma forma. "Não vou sair da minha casa para viver mal em outro lugar", disparava ela.

Em condições normais, a situação já era difícil: uma mulher de 68 anos com problemas de mobilidade morando sozinha numa casa grande. Mas para piorar, a normalidade na Venezuela também era algo escasso. A relação com meus irmãos continuava no mesmo ritmo de inconsistência. Jesús ajudava um pouco mais, vez por outra até passava alguma noite com ela, mas não se mudava para lá. Andrés continuava sendo o elo emocional perdido com quem não era possível contar.

Eu queria arranjar uma solução, mas estava convencida de que tudo dependia de ela ir morar num lugar mais seguro e que exigisse menos gente desconhecida à sua volta. Ficava com cara de tacho quando ela dizia que não ia sair daquela casa. Chegando a esse ponto da discussão, eu olhava para o outro lado e me dedicava a resolver o problema do momento, qualquer que fosse ele. Eu vivia com a sensação de ser uma máquina de soluções improvisadas, porque não paravam de aparecer obstáculos novos. Tal como são estabelecidas as narrativas de certos casamentos em que as mulheres dizem "meu marido me ajuda a lavar os pratos", eu sentia que minha mãe fazia o mesmo com meu irmão mais velho, que também "ajudava". Para ela, a responsabilidade final era sempre minha. Era um círculo vicioso, cuja intensidade só piorou com o tempo.

A fragilidade física e emocional de minha mãe era mais um desafio com o qual desde pequena eu não sabia lidar. Jesús, sempre mais desapegado, convivia melhor com os episódios depressivos de mamãe: simplesmente os relevava. Mas eu não podia ignorar, e entrávamos em espirais de brigas extenuantes e inúteis.

Minha mãe me contou que estava tão doente e usava tantos remédios quando ficou grávida de mim que tentou abortar tomando umas beberagens. No fundo, eu cresci sentindo que lhe devia o cálcio e a saúde que perdeu durante esses nove meses de gravidez. Diferentemente dos meus irmãos mais velhos, eu a tinha enfraquecido e precisava compensá-la de algum jeito. Queria que ela sentisse que, embora eu não pudesse lhe devolver o que tinha perdido, seu sacrifício não havia sido em vão. Mas a Venezuela e a distância sempre dificultavam as coisas.

As empregadas iam e vinham, mas era difícil que alguma ficasse por algum tempo. Mamãe não era fácil de lidar, eu sabia. Dava ordens que tinham que ser cumpridas com perfeição, e era impaciente. As crises de dor, imprevisíveis, sempre a deixavam de mau humor. Era um turbilhão emocional.

Ainda assim lhe pedi que considerasse a possibilidade de contratar alguém de forma permanente, que dormisse no emprego porque me preocupava que ela ficasse sozinha à noite numa rua cada vez mais deserta e insegura. Sem falar nada eu a culpava de me chantagear emocionalmente por estar distante, sentia que era como se quisesse me castigar expondo a sua própria vida ao perigo. Se acontecesse alguma coisa com ela, sabia que eu me sentiria culpada por não estar lá. Esse sentimento aumentou com o passar dos anos e com as recriminações cada vez mais frequentes que ela me fazia.

No rodízio constante de empregadas, Luz apareceu um dia na casa. Ela era do interior do estado, miúda e muito silenciosa. Era da minha idade e não tinha filhos nem companheiro. Como morava em La Guajira, a duas horas de estrada subindo para o norte do estado, preferia dormir no emprego de segunda a sábado. Ir e voltar todo dia seria inviável para ela. Mamãe tentou resistir, alegando que não teria dinheiro suficiente para contratá-la. Com a distorção da economia e a proliferação dos mercados paralelos, o poder aquisitivo de minha mãe tinha virado pó. Ela recebia duas aposentadorias, uma por idade e outra do Ministério, equivalentes a dois salários mínimos. Mas eu lhe ofereci enviar mais dólares para ajudar nas despesas. A essa altura, já tinha um cambista e um esquema triangular para realizar as transações que estavam se tornando cada vez mais frequentes e necessárias com o desabamento do bolívar.

Embora minha mãe volta e meia me culpasse por ter ido embora da Venezuela e não estar com ela, logo começamos a entender que sem esse dinheiro sua vida nos tempos da revolução seria muito mais precária.

Minha mãe deixou sua Capacho natal quando era bebê. Seus irmãos mais velhos deslocaram a família desse pequeno povoado, a uma hora da fronteira com a Colômbia, para San Cristóbal, que por ser a capital do estado oferecia mais oportunidades de trabalho. Com uma mãe analfabeta e um pai alcoólatra e ausente, foram justamente esses irmãos que deram uma estrutura para a infância pobre de minha mãe.

Era a década de 1950, e a Venezuela vivia sob uma ditadura militar. Quem governava era o general Marcos Pérez Jiménez, um andino — como vários dos líderes do país. No Natal, ainda muito pequena, minha mãe ia com alguns dos seus irmãos para a porta do Círculo Militar, onde a elite da cidade comemorava as festas. Meus tios e minha mãe se postavam na entrada, esperando receber algum presente daqueles homens de uniforme que representavam o poder e que ela tanto admirava na época. Na minha infância de classe média baixa, eu não conseguia imaginá-la mendigando presentes na porta de um clube. Justamente ela, que era tão arrogante e altiva, não podia imaginá-la mendigando coisa nenhuma.

Minha mãe me contava essas histórias para me ensinar "o valor das coisas", porque eu nunca tive que mendigar nada, mas, sonhando com Barbies, ficava irritada quando recebia uma boneca de pano no Natal. "O cobertor é curto", repetia.

Ainda que com uns três ou quatro anos de atraso, ela conseguiu estudar graças à rede pública de ensino. Fez o ensino médio no prestigioso colégio Simón Bolívar, que não se cansava de elogiar.

Minha mãe inoculou em mim o amor pela educação, que para ela era o grande divisor de águas. O ponto alto dessa conversa sempre era quando contava como, com pouco mais de vinte anos, tomou coragem e foi estudar na universidade em Maracaibo, onde Marga, uma de suas irmãs mais velhas, trabalhava como professora. Mais tarde descobri que o que a impulsionou não foi sua vontade de estudar, mas meu tio Daniel, que tentava dar um rumo para minha mãe depois de saber que Corso, seu namorado na época e do qual não sei mais nada além disso, era casado e tinha cinco filhos.

Essa história, que ela nunca me contou e fiquei sabendo por outras bocas, me fez entender por que minha mãe insistia em minha autonomia financeira, além de sempre me prevenir para desconfiar dos homens; também ajudava a explicar por que ela tinha tanto carinho por Maracaibo, a cidade que a acolheu.

Meus irmãos e eu nascemos e crescemos nessa cidade que fala um espanhol diferente. Os *maracuchos* têm um orgulho desmedido da sua terra, mas conforme fui crescendo não conseguia mais me sentir à vontade lá. Copiava o sotaque andino de minha mãe, e era mais feliz quando ia visitar San Cristóbal. Minha mãe, pelo contrário, não queria sair de Maracaibo. Argumentava que o clima frio dos Andes fazia mal para a sua artrite, e em seguida dizia que o ponto crucial era a casa.

Antes do meu nascimento, quando ainda tinham dois filhos, ela e meu pai viviam se mudando de um lugar para outro. "Um dia eu me cansei e saí para procurar onde morar", contava minha mãe, como se fosse o roteiro de um filme em que tudo é fácil e se resolve sem contratempos. Ela dizia que nesse mesmo dia encontrou à venda uma casa de dois andares com fachada de pedra cinzenta situada num bairro comercial, central e delimitado pelas principais avenidas da cidade. Com um cheque de entrada e um empréstimo do Ministério da Educação, que não fez objeções ao pedido de minha mãe, apesar da sua precária situação econômica, ela adquiriu a tal casa que acabaria virando o centro de nossas brigas e emoções ao longo das quatro décadas seguintes.

Para minha mãe, determinação era a única coisa necessária para atingir o que se queria. "A gente tem que se propor a fazer as coisas", dizia. Cresci com essa convicção, mas descobri com muita frustração que a fórmula mágica nem sempre funciona porque, ao contrário dela, eu não vivia na época saudita dos anos 1970, quando o todo-poderoso Estado esbanjava dinheiro.

Minha mãe enfrentou a mesma frustração ao perceber pouco a pouco, durante os anos de Maduro, que para conseguir as coisas era preciso mais que determinação. Agora ela era desafiada diariamente pelos vaivéns de uma economia falida, e não tinha como responder a esses desafios.

Ela não entendia por que todos os caminhos que lhe permitiram conseguir tanta coisa estavam deixando de funcionar. Eu tentava simplificar suas frustrações, explicando a ela que não adiantava nada ficar remoendo as coisas, era preciso resolver os problemas, e isso passava cada vez mais por trocar dólares, o que a enfurecia. Às vezes, ela não queria que eu mandasse mais dinheiro, e outras, queria que eu mandasse tudo.

Entre outras coisas, os e-mails que trocávamos serviam para comentar a polêmica política do dia, falar dos idílios amorosos dos meus irmãos, que juntos acumulavam cinco filhos de quatro mulheres diferentes, pedir créditos para o telefone e pôr em dia os pagamentos do seguro-saúde, que eu acabava pagando porque minha mãe não conseguia mais cobrir essa despesa com seus rendimentos cada vez mais insignificantes.

Eu pedia a ela que fosse à fisioterapia para recuperar um pouco da mobilidade, ou pelo menos para não perder a pouca que ainda tinha. Mas minha mãe não queria. "Não vou sozinha", dizia, reclamando de Jesús, que não morava com ela e também porque não a levava. "Vai com a Luz", insistia eu, mas não havia jeito, se não fosse com um de seus filhos, ela não queria ir. "Você não entende porque não tem filhos, mas meu estímulo para seguir em frente é você, como é que eu faço estando longe?", escrevia ela. Estava perdendo a força física e emocional. Em poucos dias, decidiu que não queria mais dirigir e começou a revezar o andador com uma cadeira de rodas de metal que ficara na casa desde a última cirurgia.

"Estou cansada, filha", dizia mamãe, cuja saúde foi piorando com a idade como era de esperar em alguém que sofria de duas doenças incuráveis. Ela tentou tratamentos de todo tipo para aliviar as dores e desinflamar as articulações. Também tentou remédios alternativos para atenuar as consequências da síndrome de Sjögren. As principais características dessa doença autoimune são a falta de lágrimas e de saliva, por isso em todo canto da casa havia uns vidrinhos de lágrimas artificiais e ela sempre tinha que ter água por perto para controlar a secura na boca.

Ainda criança, os médicos detectaram que eu era alérgica a um pigmento amarelo chamado tartrazina, presente em vários produtos industrializados. Por causa disso, do nosso orçamento baixo e da obsessão de minha mãe pela saúde, nossa dieta diária era particular. Nos anos 1980, comíamos carne de soja, sal marinho — que basicamente era uma pedra de sal numa garrafa d'água —, rapadura em vez de açúcar refinado e ovos caipiras. Nossa casa era pequena, mas tinha um terreno grande. No pátio, aberto, minha mãe criava galinhas, até o dia em que caiu uma parede do galinheiro e matou o imponente galo preto que era dono do pedaço. Então, comemos as galinhas, que meu pai matou uma por uma no tanque de lavar roupa. Depois foi um pequeno pomar com bananas, plátanos, limões e melancias. As compras não incluíam guloseimas, biscoito doce nem bebidas artificiais. Em casa só entrava coca-cola para as cubas-libres diárias de meu pai. Quase nada era processado, minha mãe fazia tudo em casa, até coisas como maionese ou molho de tomate. Por muito tempo, nem a tradicional farinha de milho ela comprava, porque preferia moer os grãos todas as noites.

Minha mãe me ensinou muitos dos seus remédios caseiros: aquecer folhas de cebola branca para colocar nas articulações, suco de cebola roxa para a gripe, camomila para desinflamar e, claro, a infalível babosa, que curava tudo.

A casa foi se transformando numa sala de emergência. Remédios de todos os tamanhos e cores, aparelhos de terapia muscular, de exercícios respiratórios e massageadores. A previdência social fornecia parte desses tratamentos, mas na dura década de 1990 as coisas começaram pouco a pouco a faltar. Os hospitais não estavam imunes à crise econômica em um país que tinha uma inflação de dois dígitos e vivia ao mesmo tempo um turbilhão político e um aumento incontrolável da violência.

Chávez assumiu o poder em 1999 e dedicou os seus primeiros meses a transformar, via eleições, a estrutura legal e política do país, aproveitando sua ampla popularidade. Na época, seu plano para enfrentar os problemas sociais era uma "aliança cívico-militar". Segundo ele, os soldados estavam sendo subutilizados nos quartéis e por isso os mandou para a rua com tarefas não militares. Na prática isso não resolvia grande coisa, mas ampliou a presença de militares no governo, o que deixava clara sua desconfiança dos civis.

Havia mais dinheiro circulando, os salários eram mais altos, mas os hospitais não melhoravam, na verdade estavam tão decadentes que, quando minha mãe caiu e fraturou a parte superior do fêmur, em 2003, me pediu que a levasse para uma clínica particular. Eu sabia que, ao contrário do que acontecera dez anos antes com meu pai, ninguém viria pagar as contas com cartões de plástico, mas minha mãe me garantiu que nós poderíamos cobrir as despesas com uma apólice de saúde que o Ministério da Educação lhe dera.

Na clínica as regras eram claras. Até o momento em que a seguradora que administrava a apólice não acendesse o sinal verde, ninguém nos atenderia. Tive que brigar para que a deixassem deitar em uma maca na recepção da clínica. Não lhe davam nada para a dor, e eu tinha que lhe levar água, comida e inventar uma forma de ir ao banheiro.

Nessa época estávamos vivendo o momento mais polarizado do país. Ainda em Maracaibo, eu trabalhava como estagiária em um jornal local, e nesse dia tinha que cobrir um evento político do Primeiro Justicia, um partido de oposição que estava despontando e que lançou nomes como Henrique Capriles e Leopoldo López. Não fui trabalhar porque estava com minha mãe no hospital, "mas o trabalho veio até você", disse ela quando viu gente com a camiseta do partido entrando na emergência. Atacados a pedradas, tinham sido obrigados a cancelar o evento e, por precaução, trouxeram Capriles para o hospital.

"Eles são atendidos rapidinho, mas — e a gente? nada, porque somos pobres", dizia minha mãe no tom indignado que havia tomado conta do país.

Eu tinha 22 anos, mas ainda morava com ela. Nunca tinha sido minha a função de pensar em como resolver questões econômicas. Até então eu administrava pequenas quantias de dinheiro que ganhava em trabalhos de meio expediente ou fazendo malabarismo nas ruas. Nessa época, Jesús tinha uma pequena venda de comida na parte da frente da casa, mas não morava mais conosco, já tinha ido embora, tal como Andrés. Aquele foi talvez o momento mais tenso da minha relação com eles. Os dois foram à clínica no primeiro dia, mas não ficaram lá nem me deixaram dinheiro.

Essa experiência na clínica me marcou porque foi a primeira vez que a responsabilidade total recaiu nas minhas costas, e minha mãe e eu tínhamos formas diferentes de agir. Ela acreditava no poder da "malandragem", e eu não estava tão convencida de que as coisas se resolviam desse jeito, sem mais nem menos.

Não é algo exclusivo da Venezuela, mas o fato é que o país, desde sempre, obedece a códigos particulares. Eu cresci nesse universo em que as regras são feitas para serem quebradas, em que tudo funciona graças a acordos sociais que são como aquele chocolate que o mensageiro leva para as secretárias que recebem suas entregas diárias. São acordos tácitos estabelecidos sabe-se lá desde quando e transmitidos de geração em geração. Mas, embora tenha aprendido com minha mãe a ter jogo de cintura, eu não queria deixar sua saúde depender do acaso, e muito menos da minha capacidade de lábia.

Nós superamos o episódio da clínica, mas as horas de angústia na recepção daquele lugar me ensinaram que tinha chegado o momento de procurar um seguro-saúde privado. Minha mãe não achava necessário, mas como seu salário tinha aumentado "graças a Chávez", não objetou e contratou um corretor. Se naquela época era um luxo ir a hospitais particulares, agora acho inacreditável que na minha infância só fôssemos a hospitais públicos.

Em dezembro de 2003, quando a oposição, encabeçada por líderes empresariais, sindicais, da sociedade civil e da atividade petroleira, promovia um plebiscito, Chávez criou "missões sociais" que se tornariam o eixo da sua campanha eleitoral em 2004. Depois vieram programas para educação, trabalho, alfabetização, microempreendimentos, moradia e alimentação, entre outros. Especialista em criar um vocabulário que colava, ele batizou a maioria dessas "missões", evocando personagens e passagens históricas do século xix.

Contrariando minha mãe, decidi me mudar para Caracas em janeiro de 2004, para continuar estudando e porque não queria mais brigar com meus irmãos nem ser responsável por tudo o que acontecia na casa.

Governo e oposição, radicalizados como nunca, estavam protagonizando o enésimo enfrentamento nas ruas. Minha mãe me levou à rodoviária, e, quando eu ia embarcar, o motorista disse que a entrada de Caracas estava bloqueada por um protesto, só sairíamos se a Guarda Nacional abrisse o caminho. Para minha mãe era um sinal de que eu não devia ir. Sendo um sinal ou não, ir embora era difícil e, sentada no banco do carona do carro parado no estacionamento da rodoviária, acabei dizendo a ela que se controlassem a manifestação eu iria, se não controlassem, minha vida continuaria em Maracaibo. A Guarda Nacional levou menos de uma hora para liberar o trânsito, e aquela foi a primeira das nossas muitas despedidas.

A Venezuela já tinha uma assistência social antes da revolução, mas Chávez entendeu que com os recursos do petróleo — cujos preços não paravam de subir — podia aumentar a escala e levar uma série de programas com seu selo pessoal para muitos recantos do país que se sentiam esquecidos e negligenciados, o que serviria para fortalecer sua base de apoio.

"Barrio Adentro", programa que estreou esse formato, começou como uma rede de ambulatórios que, como seu nome dizia, se instalava no coração dos *barrios*. Na Venezuela, os chamados *barrios* são as comunidades mais pobres, e na geografia caraquenha elas ficam nos morros, onde foi se aglomerando durante anos o pessoal que chegava à cidade grande procurando novas oportunidades, com possibilidades remotas de sair de lá devido à disparidade entre o custo da moradia e os salários. No início, o programa foi protagonizado por mais de 10 mil médicos cubanos. Acho que foi a primeira vez que vi minha mãe manifestar uma divergência com o governo: ela não respeitava a medicina cubana.

Esse sistema de missões cresceu impulsionado pelo orçamento do petróleo, no entanto os antigos hospitais e ambulatórios públicos ficaram em segundo plano: eram da antiga Venezuela, da "quarta república", não tinham o rosto de Chávez estampado em toda parte, ao contrário dos ambulatórios do "Barrio Adentro".

A ideia não era ruim, esse aprofundamento realmente era necessário, mas foi usada de forma política e eleitoral. Poderia ter surgido como um aperfeiçoamento do sistema que já existia, mas tornou-se uma das maiores expressões do paternalismo que Chávez não apenas manteve, mas exacerbou. Ainda hoje ouço as pessoas de fora da Venezuela elogiarem as missões, e me dá a impressão de que pensam que antes de Chávez tudo era privatizado no país. Não era, só que nenhum presidente tinha lançado todo um sistema paralelo de assistência social ligado ao seu nome.

O Comandante ia, pouco a pouco, substituindo o conceito de Estado. Em meados de 2004, eu trabalhei durante alguns meses na assessoria de imprensa de uma dessas missões. "Vuelvan Caras", como Chávez a batizou homenageando uma das tantas batalhas do século xix, foi criada para reduzir o desemprego. Na prática, era um exemplo de desorganização e descontrole administrativo, que só não fracassou na primeira semana porque os recursos do petróleo, controlados pelo Executivo, não tinham limites, e porque não havia nenhum tipo de fiscalização. O avanço das missões, que estavam num limbo legal porque não tinham uma base constitucional, reforçou a conexão direta de Chávez com o povo. Era o Comandante quem lhes dava educação, saúde e crédito para empreendimentos. Não havia controle de gastos ou de contratações. Pessoas como eu eram pagas pelo Estado por intermédio de fundações ou folhas de pagamento paralelas. Não creio que seja possível fazer uma contabilidade precisa do dinheiro que se gastou em todos esses programas que deviam nos transformar, em alguns anos, num país livre de analfabetismo, com altos índices de emprego, uma forte cadeia produtiva e um sistema de saúde amplo e impecável.

Esse futuro nunca chegou, mas naquele momento essa mobilização de recursos levou educação e saúde para lugares remotos, capacitou técnica e profissionalmente centenas de pessoas, ofereceu microcréditos a empreendedores e comunidades rurais e empoderou as classes média baixa e baixa não só com recursos, mas também com reconhecimento e esperança de progresso. Toda esperança era possível graças ao petróleo, tal como Carlos Andrés Pérez nos fizera acreditar nos anos 1970 que éramos o país do possível. Nesse contexto, não foi difícil para Chávez vencer com folga o plebiscito revogatório convocado pela oposição.

No final de 2004, mamãe foi morar durante alguns meses comigo em Caracas. Apesar de o programa "Barrio Adentro" ter sido ampliado e de haver novos centros hospitalares em zonas urbanas, nunca foi uma alternativa para ela. Minha mãe reclamava da falta de especialistas e da longa espera, que inviabilizava tratamentos diários como as sessões de terapia de que ela necessitava para a artrite. Então, na prática, apesar da retórica de Chávez, a saúde pública para pessoas como ela na revolução era cada vez mais inacessível. Minha mãe não via com bons olhos a participação cubana. Ela, que sempre tendeu mais para a direita, tinha reservas quanto à proximidade do presidente com Havana. Acreditava em disciplina, em hierarquia, em ordens. Minha mãe recordava com saudade a ditadura de Pérez Jiménez, derrubado em 1958, quando "não havia violência nem ladrões, existia respeito e não havia corrupção". A figura do general foi ressuscitada na primeira campanha de Chávez, que chegou a se reunir com ele na Espanha. Minha mãe ficou ainda mais entusiasmada. Quando eu falava sobre as torturas e os presos políticos nos tempos do general, ela me lançava o clássico "era preso quem estava fazendo balbúrdia, mas nessa época até os presos trabalhavam". Eu ficava impressionada ao ver que nem o que meu pai tinha vivido a fazia pensar diferente.

"Balbúrdia" é uma palavra interessante na Venezuela. Um capítulo controverso da nossa história conta que Francisco de Miranda, um dos heróis nacionais, ao ser preso numa das revoltas contra a Espanha em 1812, olhou para seus captores e, sentindo-se traído pelo próprio Simón Bolívar, disparou: "Balbúrdia, balbúrdia, esta gente só é capaz de fazer balbúrdia".

Para minha mãe, essa história de balbúrdia não soava bem. Andina até os ossos, seu caráter seco se opunha ao temperamento folgazão de Chávez, oriundo das planícies, de onde vêm as *coplas*. Fazendo jus à sua origem, o Comandante era um bom contador de histórias. E a história que contava melhor era uma que minha mãe conhecia bem, a de ser pobre, do campo. A história de como abrir caminho na cidade grande com uma maletinha mais cheia de expectativas que de roupas. De como enfrentar preconceitos e classismo numa Venezuela que não se reconhecia como aquilo que era, um país de pobres.

Foram então essa demonstração de empatia e a promessa de acabar com a corrupção e a violência os elementos que compraram o coração de minha mãe, que queria olhar mais para os Estados Unidos que para Cuba.

Mamãe foi se apegando mais à cadeira de rodas, então em 2013 eu sugeri comprar uma elétrica, dessas que têm motor, direção e diferentes velocidades, para dar mais autonomia a ela e menos trabalho a Luz, que tinha que empurrar aquela pesada cadeira de metal. Mas se já não era fácil conseguir comida, era menos ainda algo sofisticado como uma cadeira de rodas motorizada.

A escassez aumentava, era o tempo em que a Venezuela aparecia no noticiário internacional por não ter papel higiênico, e era impossível prever como aquilo ainda ia piorar. Lembro que quando alguém dizia que nós íamos ser a nova Cuba no período especial, eu revirava os olhos e me negava sequer a comentar um cenário que me parecia não só absurdo como remoto. Uns dois anos mais tarde, visitando Havana, me surpreendi ao constatar que era mais fácil comprar alguns mantimentos lá que na minha cidade.

Depois de percorrer umas três lojas de equipamentos médicos, mamãe desistiu. "Não vendem isso aqui, querida", disse-me, frustrada. Eu não me conformava e insistia que ela devia voltar, pôr seu nome na lista de espera, anotar os telefones dos funcionários, ligar toda semana. Procurar os números das filiais em Caracas, em algum lugar tinha que haver uma cadeira de rodas motorizada. Minha mãe ficava aflita só de escutar essas coisas, por que tudo tinha que ser tão complicado? Mas, na minha posição de filha-mãe, eu a repreendia e dizia que ela estava desocupada e que sua única missão era resolver esses problemas. Nossas conversas se tornaram mais logísticas. Em quase todo e-mail eu misturava o meu dia a dia com o preço do dólar. Ela, numa mesma mensagem, dizia que se preocupava comigo, que lamentava que a nossa relação sempre fosse tão difícil, que estava triste porque minha ausência a fazia se sentir sozinha, que não conseguia comprar frango e que precisava de créditos para o telefone.

As tarefas se acumulavam, e eu às vezes me ressentia de ter que assumir mais responsabilidades à distância. Era birra minha. Puro ressentimento, porque a derrocada do país pusera em evidência a distância emocional que havia entre meus irmãos e uma rixa neurótica entre mamãe e mim. Ela, farta de estar doente, queria que eu me encarregasse de tudo, e eu, farta de perder a mãe que amava e ganhar em troca uma filha que não tinha pedido, relutava em assumir as rédeas. Mas aquela situação a subjugava. E às vezes subjugava a nós duas.

Meus irmãos entravam e saíam de cena de maneira intermitente. Jesús, sempre muito mais presente que Andrés, continuava levando mantimentos e cozinhando em alguns fins de semana, quando a empregada não estava em casa; mas não era suficiente.

As festas de fim de ano eram especialmente traumáticas, porque eu insistia em dividi-las entre ela e a família do meu então marido no Brasil, e isso lhe doía. Todo 24 de dezembro nós chorávamos ao telefone. No Réveillon, quando eu ia para lá, virávamos o ano escutando música, tomando uísque, cervejas e um ponche cremoso, falávamos da família, recordávamos episódios e discutíamos política.

Quando 2013 estava terminando, com Maduro no comando, quase toda a minha família era contra o governo. Três tias e meu irmão Andrés, cujas opiniões intermináveis pareciam extraídas dos discursos de Chávez, eram dos poucos que ainda acreditavam na revolução. Minha mãe, tão enérgica na oposição como tinha sido no chavismo, ficava tão alterada que encerrava a discussão gritando para a sua irmã: "Você está cega". "Mas como eu posso ficar quieta? Não viu como ela está acreditando o tempo todo em tudo o que essa gente fala?", reclamava minha mãe quando eu lhe pedia que fosse mais tolerante. Tampouco ouvia Andrés.

Tínhamos acabado de passar por outras eleições, dessa vez municipais. E quando a oposição venceu em cidades importantes, Maduro, copiando as táticas do Comandante, nomeou alguns dos candidatos perdedores para postos paralelos que tiravam o poder dos eleitos, mostrando sua pouca disposição para ceder o poder. Outra coisa que essa votação deixou clara é que a oposição, apesar de estar mais coesa, tinha perdido força nas urnas, havia um desânimo depois da derrota presidencial de Henrique Capriles Radonski em maio, numa eleição que alguns líderes continuavam contestando e acusando de fraudulenta.

Nesse fim de ano, despedimo-nos de 2013 na casa do meu tio Darío, o engenheiro, irmão favorito de minha mãe. Apesar da escassez já bastante acentuada, além de álcool, havia pernil, salada de galinha, pão de presunto — o meu favorito — e as tradicionais *hallacas* de farinha de milho, que são sempre mais gostosas quando feitas pela nossa mãe. Havia poucas crianças, só os filhos de alguns dos meus primos. De resto éramos todos adultos, e era isso talvez que me dava a sensação de que tudo era menos alegre que na minha infância. Talvez fosse realmente menos alegre. Também achei que havia menos fogos de artifício que quando eu era menina, e cada um de nós tinha uma sacolinha de foguetes para explodir. Nós nos sentávamos no estacionamento da casa do meu tio, na zona norte da cidade. A urbanização, de classe média alta, tinha crescido na última década com a construção de casas enormes, como a do tio Darío, que foram erguidas sacrificando a proximidade do centro da cidade em troca de espaço.

Meu tio e a família se mudaram para lá na minha adolescência. Foi um marco de ascensão social. A construção daquela casa ampla de dois andares com uma enorme caixa-d'água subterrânea criou quimeras entre os irmãos. Embora minha mãe adorasse o irmão caçula, às vezes sentia que ele era ostentoso. O fato de dois dos seus filhos serem engenheiros e trabalharem na Petróleos de Venezuela não ajudava muito. Era claro que meu tio tinha orgulho dos filhos. Os dois mais velhos se formaram com notas altas, começaram a namorar colegas e se casaram logo depois de sair da universidade. Entraram na folha de pagamento da PDVSA, compraram casas em conjuntos residenciais fechados, típicos da classe média alta, e tiveram filhos. O que mais podia querer um pai em Maracaibo? Trabalhar na petroleira era o sonho dourado na minha cidade. O óleo, principal fonte de receitas do país durante décadas, alimentava uma empresa bem-sucedida que mimava seus trabalhadores. Generosas cestas de alimentos, seguro--saúde e bons salários. Era como ter a vida garantida. Eu notava que minha mãe, pelo contrário, quando se olhava no espelho do irmão, se sentia inferior, mais pobre e sem ter o que exibir dos filhos. Ela lutava com a inconsistência do meu irmão mais velho, que, embora muito trabalhador, já estava no enésimo relacionamento e com três filhos na lista. E com os vaivéns do meu segundo irmão, o policial, que, embora tivesse comprado uma casa, era uma bomba de ressentimento contra a minha mãe e parecia incapaz de assumir as rédeas de uma vida adulta. E depois eu, que era uma frustração ambulante por ter ido embora, primeiro para Caracas, depois para fora da Venezuela. Incapaz de admitir esse sentimento, minha mãe dizia que o meu tio ostentava demais.

A badalada da meia-noite, com as uvas na mão e desejos para o ano-novo, era sempre um momento de lágrimas. Eu pensava em meu pai, em ter o coração e os afetos divididos entre dois países, e que em breve ia ter que partir de novo. Já estava cansada de ir embora e me despedir. Mamãe sempre repetia: "Saúde, o mais importante é a saúde, o resto é secundário".

Apesar da fé cega que tínhamos nas uvas, aquela foi a última badalada de fim de ano que minha mãe pôde ouvir em pé. A artrite avançava, e em questão de semanas ela sucumbiu e não pôde mais andar. Ainda não tínhamos conseguido a cadeira de rodas motorizada, e Luz passou a ser indispensável, porque nem mesmo em casa minha mãe se aventurava a dar dois passos. Isso nos deixava sem saída, porque agora éramos obrigados a contratar alguém, querendo ou não, para cobrir a ausência de Luz durante os fins de semana.

O ano de 2014 começava com o assassinato de uma ex-miss e de seu marido, que, numa viagem de carro, como aquelas que meu pai organizava quando éramos crianças para nos mostrar como o nosso país era bonito, foram abordados por bandidos enquanto esperavam um reboque após enguiçarem na estrada. Foram baleados sem poder reagir dentro do próprio carro e em frente à filha de sete anos, que sobreviveu ao assalto.

Um dia antes, em 5 de janeiro, um estudante havia sido assassinado em Mérida, uma cidade andina de tradição estudantil. Ao mesmo tempo, em Caracas ganhava mais força a fração opositora, que, desiludida com os fracassos eleitorais, achava que a rua era a saída. Leopoldo López, um jovem ex-prefeito que já tinha sido companheiro de partido de Henrique Capriles, foi o rosto mais expressivo desse novo movimento radical. Muita gente como minha mãe, que não tinha votado em dezembro, recuperou o ânimo. Era como se uma tempestade perfeita estivesse se formando.

Esse é o problema da nossa Venezuela, parece que está sempre a ponto de acontecer alguma coisa. Em fevereiro, as ruas se encheram de gente outra vez, em vários estados ao mesmo tempo. "Como lamento estar velha e nessa cadeira de rodas, queria ir para a rua", escrevia minha mãe, frustrada por não poder ir apoiar fisicamente o mesmo López que uma década antes, convertida ao chavismo, ela desprezava porque, assim como Capriles, representava a elite que não devia mais voltar ao poder.

Mamãe era contraditória, eu pensava. Mas seguiu o fluxo da época em que viveu. Se o petróleo não tivesse despencado nos anos 1980, se a pobreza não tivesse aumentado, se o povo não tivesse se revoltado, se um militar não tivesse aparecido como um novo messias, minha mãe teria continuado sua vida sustentada pelo Estado, sem pensar muito no assunto. Mas diante dos fatos, ela raciocinou como pôde, segundo o seu sistema de crenças. O ressentimento social germinou por anos em seu coração, e embora ela quisesse se identificar mais com as elites, sabia que estavam num nível ao qual não apenas não pertencia, mas no qual seria desprezada. Esse foi um dos motivos que a levaram a abraçar Chávez, embora não quisesse estar no mesmo lado que os outros pobres, os dos *barrios*, com os quais não se identificava. Nessa época, quando comungava com o chavismo, adotou a narrativa revolucionária, que ditava que homens como Leopoldo López eram os amos do vale, como ficaram conhecidos os senhores de Caracas, que tinham destruído o país com sua ambição e esquecido os pobres, empurrando-os para os *barrios*, até que apareceu em cena o Comandante para dar dignidade a essa população e construir a Venezuela que até então nunca havíamos podido ter.

Deixando de lado por uns dias os problemas domésticos e resmungando até não poder mais, minha mãe acompanhou os protestos, principalmente pelo computador, graças aos noticiários dos canais internacionais. As marchas estudantis apoiadas por López deram a volta ao mundo devido à repressão que sofreram do governo. Houve milhares de feridos e 42 pessoas mortas até o final do ciclo de manifestações, que durou quase três meses. López foi acusado pelo governo de incitar à violência e, após vários dias de tensão, o político se entregou às autoridades num ato público. Jovem e atraente, López estava de camisa branca e empunhando uma bandeira da Venezuela quando foi preso por oficiais. Essa imagem foi capturada pelas dezenas de câmeras que havia no lugar, mas minha mãe só soube o que tinha ocorrido porque eu, do Brasil, descrevi tudo pelo telefone. Ela, em Maracaibo, não tinha como saber o que estava acontecendo porque haviam cortado o sinal a cabo e bloqueado o acesso ao portal de notícias que transmitia on-line os acontecimentos de Caracas. Era uma nova Venezuela.

Foram semanas de caos e repressão. O país entrava e saía do noticiário internacional, que começava a falar de prisões arbitrárias e torturas. Os testemunhos eram tão crus que a princípio pareciam vir de outro país. Não podia ser da Venezuela. O país estava um desastre, faltavam muitas coisas e a economia vivia em estado terminal, a violência já se tornara parte tácita do dia a dia, a intolerância política, uma coisa habitual, as prisões eram terra de ninguém, mas não podia ser possível que no meio daquele desastre, além de reprimir sem piedade, aquele governo que antes tinha defendido a igualdade social, a dignidade do povo e uma verdadeira democracia participativa estivesse torturando pessoas a torto e a direito em calabouços de lugares como El Helicoide, uma construção faraônica em formato circular projetada em meados do século xx como parte do plano de modernização de uma nação que prometia ter futuro.

Mas não só era possível como estava acontecendo, afirmavam amigos e colegas que ainda trabalhavam em Caracas. As pessoas não temiam só a bandidagem comum, agora qualquer um podia ser preso por participar de protestos e acabar numa cela onde só o pagamento de propinas, primeiro em bolívares e depois em dólares, podia ajudar a decidir sua sorte.

Minha mãe, que pouco a pouco melhorava suas habilidades no mundo virtual e ampliava seu universo de fontes de informação, ficou ainda mais frustrada e começou a usar suas redes sociais para escrever em páginas de líderes políticos ou compartilhar notícias ou mensagens que extraía de sites contrários ao governo. Em algum ponto, sua lógica foi de que era mentira tudo o que aparecia na televisão, ao passo que tudo o que consumia na internet era real.

As ruas esfriaram novamente, e em maio propus a minha mãe que fosse passar uns dias comigo em São Paulo. Como as passagens eram vendidas em bolívares, totalmente desvalorizados, eu podia comprar a dela e também a de Luz. Mas as diferenças entre nós estavam cada vez maiores. O sentimento de abandono se apoderou de minha mãe, e eu — vivendo minhas próprias crises por estar convencida, entre outras coisas, de que não estava saindo do lugar, nem profissional nem pessoalmente — não tinha mais paciência para tentar convencê-la do contrário. Passamos boa parte daquele mês em São Paulo brigando, o que tornou a despedida ainda mais triste.

Mamãe estava obcecada pela situação política, e para facilitar a vida dela lhe mandei, através de um amigo, um iPad, que, dada a sua artrite, parecia mais intuitivo e simples de usar que um computador.

A essa altura, Luz já estava à frente de tudo na casa, e nossa operação para conseguir uma cadeira de rodas motorizada continuava sem render frutos. O máximo que tínhamos conseguido, depois de meses, era entrar em filas de espera nas lojas de produtos médicos de Maracaibo e Caracas. Eu precisava motivar minha mãe a fazer toda semana, de forma sistemática, uma rodada de telefonemas para esses lugares perguntando se havia novidades. "Nada", era a resposta de sempre.

Nessa altura minha mãe devia se locomover em táxi, mas estava cada vez mais difícil conseguir táxis porque, embora a gasolina continuasse sendo quase de graça, a falta de dólares para o setor industrial e comercial afetava também a importação de peças. As concessionárias de veículos tinham começado a fechar as portas, e as montadoras deixavam o país. Trocar um pneu ou mesmo uma bateria de carro não era fácil nem barato. Dentre os poucos taxistas que ainda estavam circulando, era ainda mais complicado encontrar algum que tivesse espaço e aceitasse levar no porta-malas a cadeira de rodas grande e pesada que minha mãe usava. Ir ao supermercado, ao médico ou à farmácia ficava cada vez mais difícil, especialmente porque nunca se tratava de um único supermercado ou de uma única farmácia.

Quando minha mãe pedia um táxi pelo telefone e avisava que tinha uma cadeira de rodas, os motoristas recusavam a corrida. Mamãe, impaciente, decidiu começar a sair por conta própria. Luz ia empurrando aquela cadeira pesada, sob o sol inclemente de Maracaibo, com mamãe a bordo, até lugares não mais distantes que três ou quatro quarteirões. O trabalho estava ficando cada vez mais difícil para Luz, e eu temia que ela decidisse ir embora a qualquer momento. Além disso, o dia a dia estava deixando minha mãe ainda mais impaciente. Não ajudava nada a impotência que ela sentia por depender de outra pessoa. Sua frustração permanente pela minha ausência piorava tudo e, para completar, as crises de dor iam e vinham, assim como as consequentes doenças colaterais do seu estado de saúde.

Eu não sabia como lidar com tudo aquilo, muito menos naqueles tempos em que, pessoalmente, nem sabia como lutar com minhas próprias tristezas e frustrações. Telefonava todos os dias para ela, também lhe escrevia sempre, mas brigávamos muito. Tudo dependia do seu humor e de se tinha conseguido comida ou remédios. Ainda por cima, as discussões com meus irmãos, sobretudo com o do meio, Andrés, o policial, nos desgastavam ainda mais.

Ao longo dos anos, minha relação com Jesús tinha se tornado operacional, girava basicamente em torno de nossa mãe, mas com Andrés, que cresceu se sentindo sempre marginalizado por meus pais e por todos nós, a relação foi se esgarçando pouco a pouco. Desde que saí do país, nossas diferenças só aumentaram, porque ele me via como uma privilegiada que devia ter uma vida opulenta, já que, no seu imaginário, era só ir embora do país que tudo melhorava.

De certa maneira, uma parte da família de minha mãe me responsabilizava de maneira silenciosa por eu não estar lá com ela. Minha mãe e meus irmãos faziam isso de forma menos discreta. Jesús era mais leve e discutíamos menos, mas sua presença e seu apoio a mamãe não eram constantes. Ele sempre foi pragmático e frio. Eu nem tentava me aproximar dele, porque sentia que era inútil. No final, a culpa de tudo, eu sabia, sempre seria minha.

Era 2014, e pus novamente em pauta a opção de mamãe vender a casa e se mudar para um espaço menor. Ela estava cada vez mais desanimada com as doenças, a situação do país e a sua solidão, e eu temia que uma noite qualquer, com ela e Luz dentro de casa, alguém entrasse para roubar. Era uma época em que já nem se sabia mais quantas pessoas morriam vítimas de assaltos — porque o governo não informava os números fazia anos, como se não falando do assunto a violência se resolvesse —, e além disso bastava um empurrão para machucar seriamente minha mãe, que tinha osteoporose em estado avançado após anos de corticoides.

Mas ela se recusava. Não queria vender a casa, embora até trocar uma lâmpada fosse uma tarefa difícil para ela. Qualquer conserto que se fizesse necessário custava uma fortuna, conseguir peças ou ferramentas era uma tarefa titânica, e minha mãe se atrapalhava com coisas simples como recarregar créditos para o telefone.

Certa madrugada, ela descobriu que um homem estava tentando quebrar a janela do segundo andar para entrar na casa. Já amanhecia, e minha mãe estava sozinha porque era segunda-feira e Luz ainda não havia chegado do fim de semana. A tentativa de roubo foi frustrada porque esse ladrão não teve tempo suficiente para desmontar a janela, e fugiu ao amanhecer. Mas o susto foi para valer, e, por insistência minha, mamãe aceitou murar as janelas do segundo andar, dando ainda mais aparência de bunker à casa da nossa infância.

Nem assim queria discutir uma mudança.

A busca pela cadeira de rodas por fim deu certo. Um dia, na rodada semanal de telefonemas, lhe disseram numa loja de Maracaibo que tinha chegado um modelo e que ela precisava ir buscar o quanto antes porque os preços mudavam diariamente devido à inflação. Como eu tinha que depositar o dinheiro no exterior, não nos deram o preço do dia, mas um cálculo de quanto a cadeira ia custar dentro de dois ou três dias, quando o dinheiro entrasse na conta na Venezuela. Quando minha mãe finalmente chegou à loja com seu cartão para comprar a tão desejada cadeira, que lhe devolveria um pouco de autonomia, lhe explicaram que havia um porém: a cadeira vinha sem a bateria, indispensável para se movimentar.

O fabricante das baterias para aquele modelo, que eu depois descobri que estava fora de linha, tinha saído do país, assim como muitas outras empresas internacionais que desistiram dos seus negócios na Venezuela, asfixiados pela incerteza judicial, pela violência e pelo controle cambial. Recomendei que ela levasse a cadeira, depois veríamos onde conseguir uma bateria. A tarefa parecia difícil. Aliás, difícil tinha se tornado o adjetivo por excelência. Tudo era difícil. Pelo seu peso e conteúdo, era quase impossível enviar a bateria do exterior. Era como voltar à estaca zero.

Outro Natal se aproximava, mas dessa vez eu estava mudando de trabalho e de país, e não podia ir à Venezuela. Mamãe chorou, não só na noite de 24 de dezembro, mas também nos dias posteriores. Como se não bastasse a minha ausência, Jesús havia decidido que não ia mais ficar no país. O desabastecimento e a desvalorização do bolívar eram insustentáveis, e por isso, num movimento que eu não antecipei, ele anunciou que iria se mudar para o Panamá no primeiro trimestre de 2015.

Jesús era, dos três filhos, o preferido de nossa mãe, embora ela negasse. Ele tinha os seus dias bons e outros em que era uma pessoa completamente indiferente. Tínhamos nos afastado muito por causa de rancores passados e de ações presentes. Às vezes Jesús era prestativo, mas outras vezes simplesmente sumia e não havia maneira de contar com ele. Tivemos muitas brigas. Ele tinha três filhos de dois relacionamentos diferentes, e sua falta de dedicação como pai era mais um motivo de discussão entre nós. Assim como eu o achava excessivamente frio e pragmático, para ele eu era um novelo de emoções.

Nossa relação estava se desvanecendo a tal ponto que se resumia a tratar de nossa mãe e do que ela necessitava. Mamãe era a nossa intermediária, só conversávamos diretamente quando eu ia à Venezuela visitá-la. Mas, ainda que aos trancos e barrancos, Jesús era um apoio, ao contrário de Andrés, a quem eu não pedia mais que moderasse o seu ressentimento para não criar problemas além dos que já tínhamos.

Jesús nunca fez um curso superior, sempre trabalhou na área de serviços. Não tinha nada próprio além de um Mustang antigo. Era um homem de rotinas simples. Morava com a namorada e a filha dela. Quase não tinha amigos nem saía. Para ele, a vida se resumia em trabalhar, sonhar grande e terminar o dia vendo um filme em casa. Ao contrário de mim, estava sempre à procura da próxima grande jogada, perseguia o arco-íris esperando encontrar o pote de ouro.

Eu achava incrível que, estando a ponto de completar quarenta anos, ele decidisse sair do país e recomeçar a vida. Mas sua partida era iminente, pelo menos foi o que me disse mamãe, que agora tinha outro sofrimento para administrar.

3

Meus irmãos e eu fomos criados na mesma casa, mas éramos distantes. Minha mãe, que adorava encontrar culpados, apontava para meu pai e o tratamento preferencial que ele me dava. Olhando em retrospectiva, isso pode ter sido parte do problema. Numa família sempre há rancores, traumas, pequenos momentos que fragilizam as relações de forma até irreversível. Por mais que eu tenha tentado, não consigo identificar esses momentos.

Crescemos em direções diferentes. Andrés, o do meio, o irmão sanduíche, sempre foi o mais arisco e o principal motivo de preocupação de minha mãe. Nós passávamos longos períodos sem nos falar. Ele sentia rancor não só de nossa mãe, mas também de Jesús e de mim, que, na sua versão dos fatos, construída na base do ressentimento, havíamos contado com mais apoio dos nossos pais. Tinha um temperamento explosivo, coisa comum na família. Era dessas pessoas que sempre encontra um culpado pelo seu fracasso, sempre vê no mundo uma conspiração contra ela. Quando estava de bom humor, meu irmão era engraçado, me fazia rir sem parar. Eu me reconhecia fisicamente nele, achava que tínhamos as mesmas expressões, o mesmo sorriso. Queria que ele me amasse, e queria que entendesse que eu não o odiava, mas isso foi ficando cada vez mais difícil. Ele criava em sua cabeça versões paralelas de tudo, e eu não conseguia descobrir se era puro cinismo ou se acreditava mesmo no que inventava.

Tinha passado anos liderando protestos na universidade, mas desistiu do movimento estudantil por não ter capacidade de articulação política. Um belo dia, decidiu entrar na academia de polícia. Era esquisito imaginá-lo fardado policiando os contínuos protestos da oposição que o chavismo chamava de *guarimbas* — logo ele, que uma década antes, nos anos 1990, com o cabelo longo e o rosto coberto por um lenço, às vezes terminava com marcas de chumbinho no corpo por causa da repressão policial.

Eu via as imagens da repressão policial nos noticiários. Todos nós sabíamos das coisas que aconteciam nas academias de polícia: corrupção e abusos estavam na ordem do dia. Batidas forjadas e *matraqueo*, que nada mais era do que pedir propinas em situações simples, como infrações de trânsito. Mas eu queria acreditar que ele era diferente, que tinha convicções, afinal de contas era meu irmão.

Andrés me dizia que ficava assustado quando o mandavam dispersar os protestos. Olhava para os prédios com medo de levar um tiro. Ele dizia que não agredia ninguém, e eu queria acreditar. Ser policial na Venezuela não era tarefa fácil nem bem remunerada. Muitos diversificam seu trabalho com esquemas de *vacina*, como chamam a segurança particular. Um comércio *vacinado* é aquele que paga diretamente aos policiais para fazerem uma vigilância adicional. Não creio que isso seja uma coisa inventada na Venezuela, mas lá, muitas vezes, era questão de vida ou morte. Andrés não se envolvia em nada disso, pelo menos era o que me dizia, mas viu vários colegas de trabalho morrerem por divergências com os clientes que os contratavam fora do horário de trabalho.

Que ele fosse policial era algo que não víamos com bons olhos porque, além da fama que os policiais tinham, era perigoso, mas Andrés dizia sentir orgulho do uniforme e do trabalho que achava que podia realizar. Para mim, ele corria um risco desnecessário num país onde tudo era incerto.

Nossa mãe dizia ter medo de que um dia o telefone tocasse de madrugada para avisar que tinha acontecido alguma coisa com Andrés. Sempre se preocupava muito com ele, apesar das brigas e dos desgostos. Aos seus olhos, era o mais vulnerável dos três filhos, mas ele conseguia responder com tanta agressividade e egoísmo que dificultava qualquer aproximação.

Era tanta a preocupação de mamãe que afinal me contagiava. Eu não queria lidar com nada além do que já estava na minha lista, mas ela insistia que eu mantivesse contato com ele. "É seu irmão, pena que vocês não sejam mais próximos", dizia ela.

Minhas conversas com minha mãe se tornavam cada vez mais unilaterais. Eu queria contar como me sentia, o que estava acontecendo na minha vida, mas eram tantos os problemas que afinal desistia e me limitava a comentários como "estou no trabalho" ou "vai tudo bem". Eu a ouvia quando estava triste, brigava com ela quando desanimava e resolvia todas as minúcias logísticas necessárias para manter a casa funcionando.

Desde que fui embora, em 2010, além dos e-mails que trocávamos, eu ligava para ela todos os dias. Se um dia ela não atendia o telefone, eu ficava preocupada. Tentava de novo, sem parar, até minha mãe atender. Isso era o mais duro das nossas brigas. Quando minha mãe estava brava comigo, não atendia o telefone e eu ficava angustiada porque, embora tivesse quase certeza de que ela estava bem e só não atendia como gesto de rebeldia, minha cabeça disparava, achando que podia ter sido assaltada ou estava com algum problema de saúde. Recriava na mesma hora a cena em que me telefonavam para avisar que havia acontecido alguma coisa, e entrava em pânico.

Ouço com frequência que nós venezuelanos exageramos no nosso medo. Meus amigos estrangeiros sempre me dizem que acham desagradável que lhes repitam mil vezes na Venezuela que não devem sair sozinhos e nem à noite, porque pode acontecer alguma coisa. É que não há forma de explicar o impacto psicológico da violência. Uma palavra abstrata, assim como os números, não traduz o que eu sinto quando entro numa rua escura ou escuto um barulho no meio da madrugada. Também sei que não é um fenômeno exclusivo da Venezuela. Roubos e homicídios existem em outras capitais da América Latina, mas a situação não é comparável. Nada é.

Quando Chávez venceu as eleições em 1998, a taxa de homicídios na Venezuela era de vinte para cada 100 mil habitantes, o que correspondia a 4550 casos, segundo números oficiais e de organizações não governamentais. Quando ele morreu, em 2013, esse número havia aumentado seis vezes, fechando o ano com 24 763 mortes violentas, o equivalente a 79 casos para cada 100 mil habitantes, segundo cálculos do Observatório Venezuelano da Violência, uma organização não governamental que se tornou a referência no assunto depois que o governo desistiu de publicar os números no primeiro mandato do Comandante.

Como a maior parte da minha família, eu sempre morei em regiões de classe média, o que não impediu que me apontassem uma arma duas vezes, uma delas por um policial. Até os 29 anos, quando saí da Venezuela, fui assaltada duas vezes na rua, entraram umas cinco vezes na minha casa, tentaram outras três vezes, roubaram dois carros e várias peças de outros veículos nossos, além de furtos menores na cabana de ferramentas, lâmpadas e até água. Nenhum de nós passou por um sequestro-relâmpago, mas um dos meus primos morreu assassinado ao meio-dia em frente à sua casa. Um dos meus pesadelos recorrentes é estar em casa e perceber que vão entrar pessoas com vozes e rostos imprecisos. As portas se abrem, as paredes desaparecem, e entendo que é questão de segundos, preciso ajudar minha mãe a fugir. Sempre acordo nesse ponto de estresse máximo. É uma alegria despertar, porque em todas essas representações ficava claro que eu não ia conseguir salvá-la. Mas é um sonho, não importa se recorrente ou não. A minha história tem final feliz, porque não só estou viva como inteira. Por sorte, muita sorte, saímos ilesos de todos esses encontros com criminosos. Somos uma exceção, nem eu nem minha família próxima viramos números nas estatísticas de ONGS, porque para o governo não vale a pena contar os mortos.

Quando fui morar em São Paulo pela primeira vez, fiquei muito impressionada ao ver que os apartamentos não tinham grades. Você sai do elevador e a porta de madeira está ali, exposta, com apenas uma ou, quando muito, duas fechaduras. O pessoal ri quando eu comento que, morando no 11º andar, não deixo as janelas abertas quando saio de casa. As duas portas da casa de minha mãe em Maracaibo eram protegidas por grades. Ambas têm três ou quatro fechaduras e cadeados monobloco. Como se isso fosse pouco, minha mãe mandou instalar um portão elétrico e fechar com concreto, além de pérgulas e grades, todos os espaços que na minha infância eram abertos e ventilavam a casa, agora escura e quente a qualquer hora do dia. Passou as caixas-d'água do teto para a garagem a fim de evitar que roubassem água, e instalou outra grade entre a garagem e a sala, para o caso de alguém conseguir quebrar o portão elétrico. Também pôs uma grade com três fechaduras na porta do único quarto do segundo andar, cujas janelas já havia emparedado com tijolos.

A violência na Venezuela não era obra de Chávez, mas os números, que começaram a aumentar em 1989, atingiram níveis nunca vistos durante o seu mandato. Muitos explicaram parte desse aumento da violência graças à incorporação e à legalização de novos atores sociais armados nas ruas de um país que aos poucos ia ficando sem estado de direito e ganhava uma estrutura paralela de "segurança". O presidente promoveu diferentes formas de organização social para servir de base à revolução, sendo uma das primeiras os "círculos bolivarianos". O conceito era que pessoas se reunissem e debatessem ideias extraídas dos discursos de Bolívar e fizessem serviços sociais e de propaganda. A estrutura era financiada com recursos estatais e foi muito útil para organizar respostas populares massivas como em 2002, quando o mandatário foi derrocado por horas. Com o apoio do governo, os *colectivos* ganharam corpo e força, especialmente nos bairros mais pobres. Eram vendidos como agremiações comunitárias, porém, associados a táticas de violência e intimidação, começaram a ser vistos nas ruas como o braço armado civil do chavismo, sendo considerados até como grupos paramilitares. O Comandante também criou as "milícias bolivarianas", que oficialmente permitiam que qualquer civil pudesse receber formação militar e fazer parte da reserva para "complementar" as Forças Armadas caso houvesse uma ameaça à soberania nacional. Porém, na prática, eram vistas como mais uma organização armada de base que poderia ser útil como ferramenta de controle social. "O povo em armas", comemorava Chávez.

Assim como as ruas, as prisões, superlotadas como nunca, também viraram a expressão de um país sem lei. Meu irmão Andrés trabalhou como policial num dos centros penitenciários da cidade. Naquela época, quase não conversávamos quando eu ia a Maracaibo. Seus relatos ocasionais não falavam só de um lugar onde imperava a lei do mais forte, onde valia a regra "rei morto, rei posto", mas também de um espaço ao qual o Estado tinha renunciado e onde a humanidade era um luxo que ninguém podia se permitir.

Para tentar reduzir o número de homicídios, o governo fez um pacto com as facções, o que era mais fácil de ocultar que os cadáveres, e estas, em compensação, assumiram o controle das prisões e se tornaram donas absolutas do sistema prisional.

Andrés me contava que quando as facções se enfrentavam, os policiais, que sempre entravam e saíam desarmados da penitenciária, tinham que esperar em alguma cela o desenlace do conflito. O trabalho dele ali era apenas burocrático, figurativo, porque quem realmente mandava eram os *pranes*, ou chefes das quadrilhas. "Você não tem ideia do que é aquilo. As coisas que a gente vê e que não queria ver", dizia Andrés, em quem sempre reconheci um olhar expressivo que sintonizava a emoção de suas palavras com uma transparência pouco comum. Ao me contar sobre uma noite quando, dormindo numa rede, foi acordado pelo som de tiros a poucos metros de distância, seus olhos transmitiam medo. Os presos numa das torres de controle estavam brincando de acordar os policiais dessa maneira.

Noutro dia, os *pranes* decidiram fazer uma reacomodação do espaço. Mandaram os pacientes de doenças virais para uma das torres, onde ficaram confinados e foram forçados a permanecer sem atendimento médico. Ao pensar nesses homens apodrecendo entre aquelas paredes, provavelmente sem comida e sob as temperaturas infernais de Maracaibo, não pude deixar de comentar que deviam morrer como moscas. "Que nada, os que estão embaixo morrem primeiro. As balas matam antes", respondia Andrés, que, apesar de ver tanta miséria, não apenas acreditava no governo como era seu defensor fiel e tinha na ponta da língua explicações para qualquer coisa que estivesse errada na Venezuela.

Minha mãe não tinha paciência para ouvir a perspectiva dele de país, e assim que começava a falar ela o mandava calar a boca.

Jesús era o oposto. Não perdia tempo falando de política, muito menos polemizando. Para ele, a vida transcorria em quinzenas de pagamento. Antes de ir embora do país, trabalhando numa padaria, ajudava nossa mãe com mantimentos. No final de 2014, a distribuição de comida era tão precária que muitos comerciantes reservavam o pouco que recebiam para vender aos seus empregados. Assim, Jesús levava para mamãe farinha, pão, laticínios e embutidos do seu estoque, claro que em quantidades limitadas.

Para o resto das compras, minha mãe ia na cadeira de rodas e com Luz às lojas do governo, porque continuava relutando em pagar preços mais altos que os tabelados.

Nas horas de espera que passava em frente à porta das lojas administradas pelo governo e protegidas por militares, minha mãe reclamava que a fila preferencial para a terceira idade ou pessoas portadoras de deficiência não era respeitada. Entretanto, não queria escutar quando eu lhe repetia pela milésima vez que não fazia sentido continuar enfrentando aquelas filas para trazer uma ou duas coisas para casa. No melhor dos casos, era impensável fazer uma compra que fosse suficiente para uma semana. Tudo era em retalhos, um pacote de farinha, uns caroços de feijão, um sabão.

Os remédios também começaram a faltar. No começo de 2015, minha mãe teve dificuldade para conseguir os corticoides, os analgésicos, as vitaminas e as proteínas que precisava tomar diariamente, e os médicos continuavam lhe receitando tratamentos. Seu quadro piorava com taquicardia e problemas respiratórios. Eu tinha acabado de me mudar para o Uruguai porque havia conseguido um trabalho, e aproveitava qualquer oportunidade para mandar coisas para a Venezuela com quem viajava para lá.

Percorria as farmácias explicando que eu era venezuelana e que minha mãe não tinha como comprar sua medicação na cidade dela. Mostrava as receitas que os médicos assinavam em Maracaibo, e quase sempre me deixavam comprar uma ou duas caixas de cada tipo.

Passava boa parte do meu tempo tentando descobrir como enviar esses remédios para ela. A emigração venezuelana aumentava junto com o agravamento da crise, e surgiram serviços particulares de envios, especialmente para Caracas. A capital sempre estava em melhor situação que o interior do país. Mas Maracaibo era outra história. Se eu mandasse as coisas pelo correio podiam ser roubadas, e quase nunca conseguia alguém que viajasse para o interior. Arranjar soluções era um exercício de criatividade. Certa vez, uma amiga minha mandou os remédios para lá dentro do corpo de uma boneca embrulhada como um presente de Natal, e em outra foram embutidos dentro de um livro recortado. Apostávamos que os escâneres podiam não funcionar bem, ou que os funcionários, fartos daquilo, não olhassem os embrulhos com atenção.

O tempo todo acontecia alguma coisa nova na Venezuela, ou então entre minha mãe e meus irmãos, ou entre minha mãe e mim, ou simplesmente com a minha mãe. Num dia ela estava reclamando que eu não a havia tratado bem, para logo em seguida me pedir que lhe fizesse uma transferência on-line. No meio disso tudo, me contava como estava decepcionada com algum dos meus irmãos, ou com os dois ao mesmo tempo, para poucas horas depois me recriminar por ignorar como sua saúde estava precária.

É difícil saber o quanto do nosso drama era fruto apenas das nossas brigas familiares e o quanto era consequência do agravamento das coisas na Venezuela.

Em março de 2015, Jesús foi para o Panamá. Minha mãe me dizia que não estava conseguindo dormir. Sentia-se mais sozinha, seu humor oscilava. Meu irmão decidira ir por um mês para tentar a sorte, e, embora suas visitas a mamãe fossem bastante irregulares, era evidente que sua ausência ia deixá-la ainda mais frágil.

Ainda não tínhamos conseguido alguém para cuidar dela durante os fins de semana. Luz às vezes ficava, e quando não podia deixava os almoços e jantares prontos na geladeira para minha mãe esquentar no fim de semana. Andrés às vezes ia vê-la, mas não era atencioso nem a tratava com o cuidado que ela gostaria. Às vezes conversava e lhe fazia companhia, outras vezes só brigavam.

Algumas coisas estavam começando a desaparecer na casa, minha mãe reclamava enfurecida, acusando Luz de forma indireta. Eu tentava acalmá-la e explicava que aquilo não fazia sentido. Ela já estava trabalhando ali havia algum tempo, sempre demonstrando uma dose de paciência que não encontraríamos em qualquer outra pessoa. Não reclamava nem mesmo de que, com a dificuldade de conseguir suplentes, só podíamos lhe dar férias quando eu ia para lá e a substituía.

A casa de Luz ficava em Los Filúos, um *barrio* em La Guajira a vinte quilômetros da fronteira. Com seis irmãos, ela, como muitas outras guajirenses, foi procurar um emprego como trabalhadora doméstica em Maracaibo. Era a alternativa natural naquele vilarejo de terra marrom, esquecido e quase à míngua. Luz sempre teve uma vida de penúrias. Nossos contextos eram incomparáveis. Eu estava agradecida a ela por cuidar de minha mãe de maneira tão boa. Minha mãe, por sua vez, ia do amor ao ódio, como costumava fazer com todo mundo.

Como eu não tinha capacidade de enfrentar a briga pela panela ou pela batedeira que não apareciam, eu a acalmava dizendo que ia comprar tudo de novo. O problema maior foi quando minha mãe desconfiou que a comida, sempre estocada, também estava desaparecendo. Eu confiava em Luz, mas minha mãe desconfiava até de Andrés, seu próprio filho, que, como soube mais tarde, não só estava levando as coisas da casa como colocava na cabeça da minha mãe as suspeitas contra Luz. A comida e os produtos de higiene se transformaram no tesouro mais precioso de mamãe, e por isso ela fez uma despensa no seu quarto, instalou uma tranca com cadeado e armazenava tudo lá.

Toda manhã, para fazer um café com leite, Luz tinha que pegar a chave, abrir a despensa, tirar o café, o leite e o açúcar, preparar e levar tudo de volta. O procedimento se repetia em todas as refeições. Todo cuidado era pouco para proteger os mantimentos que davam tanto trabalho para conseguir.

Eu receava que um dia Luz decidisse não voltar mais. Mesmo que aumentássemos o seu salário, que perspectiva de futuro ela teria trabalhando para minha mãe? Quando iam juntas ao mercado, Luz comprava comida para levar no fim de semana para sua casa, na La Guajira venezuelana, mas agora, com a crise se agravando, ela nos contava que precisava entregar parte das compras aos *raqueteros* que ficavam na porta dos ônibus que faziam o percurso de pouco mais de duas horas até a fronteira com a Colômbia. Os passageiros não tinham outra opção senão pagar esse "pedágio", porque caso se negassem não os deixariam entrar no ônibus. Isso não os isentava de serem assaltados durante a viagem, e nesse caso Luz não perdia só a comida, mas também o dinheiro.

Depois de um mês trabalhando como ajudante de pedreiro na Cidade do Panamá, Jesús voltou para Maracaibo, mas só para anunciar que ia partir definitivamente antes do fim do ano. Embora estivesse cansado por causa do esforço físico, estava mais cansado ainda da falta de perspectivas na Venezuela. Eu não podia dizer nada, mas ficava mortificada vendo que as coisas só pioravam e que tínhamos cada vez menos alternativas. Queria montar algum tipo de estrutura que desse mais qualidade de vida a minha mãe, mas não via saída. Não era mais possível vender a casa, o bolívar estava tão desvalorizado e a situação era tão crítica que ninguém estava comprando imóveis. Como sair do país já era quase uma tendência, havia mais oferta que demanda.

Ir para San Cristóbal morar com algum dos meus tios era uma opção que ela analisava de forma superficial, mas, considerando suas limitações físicas, não era tão fácil.

Volta e meia minha mãe me contava que Jesús reclamava quando ela lhe pedia ajuda financeira, alegando que eu estava em melhor situação. Eu respondia, insuflada por rancores passados, que para variar a responsabilidade era toda minha. Ela mencionava com bastante frequência que eu tinha "uma vida boa" morando fora do país. "Você não sabe o que é isto aqui", repetia, às vezes num tom de tristeza, outras de fúria. Minha mãe, como sempre, oscilava: às vezes ficava contente por eu não estar lá, outras vezes me fazia sentir mal por não estar com ela passando pelas mesmas coisas. Eu era uma privilegiada por não morar na Venezuela, por ter comida, por não ouvir passos no telhado e por ter direito de me preocupar com problemas pessoais, como o fim do meu casamento ou minha insatisfação profissional, mas às vezes sentia que minha família queria me castigar por isso.

Andrés era o maior desafio. Levei anos para repensar a nossa infância e poder vê-la em perspectiva. Meu pai, meu eterno príncipe encantado, tinha sido um ogro para ele. Meu irmão sempre foi ingovernável. Quando era criança, todo mundo dizia que ele era "da pá virada", porque não passava uma semana sem que tentasse botar fogo em alguma coisa. Papai o corrigia da única maneira que sabia, com o cinto. Não adiantou nada, foi ainda pior, porque com o passar dos anos ele foi acumulando quilos de raiva e de ressentimento. Foi Andrés quem mais apanhou de nosso pai, isso era o normal para nós. Você nasce numa casa e tudo o que vê à sua volta é o normal, na verdade aquilo se torna a sua definição de normal, até que começa a contrastar com o que vê em outros lugares. É verdade que Andrés não foi um menino fácil, suas "brincadeiras" eram perigosas, violentas, e com o tempo só pioravam. Minha mãe era firme, mas não via com bons olhos que papai batesse nele. Uma vez tentou trazer um psicólogo, mas segundo ela éramos tão terríveis, especialmente Andrés, que o homem decidiu não voltar.

Talvez fosse fácil para mim alterar as coisas e dar um jeito de me reaproximar de Andrés num momento em que sua ajuda se fazia necessária para aliviar a situação de nossa mãe, eu pensava. Nessa época, o peso nos meus ombros era muito grande, e eu queria dividi-lo com meus irmãos, gostassem de mim ou não. O fato é que eu não via mais saída, tinham acabado os truques do meu repertório para resolver de longe os problemas que surgiam na Venezuela, e mamãe necessitava dos dois, porque as feridas emocionais estavam tornando ainda mais amargas as dificuldades econômicas.

Às vezes minha mãe e eu conversávamos sobre o passado, mas o assunto era delicado para ela, que vivia aprisionada entre sua doença, a insegurança e os dramas domésticos diários da vida venezuelana. O que tornava tudo mais complicado, no entanto, era que minha mãe sempre se sentia culpada quando se tratava dos filhos. "Falhei como mãe" era o corolário com que tacitamente ela se desculpava por não ter parido Jesús sem anestesia e por ter deixado que o obstetra usasse fórceps com Andrés. "Foi culpa minha, ele sofreu para nascer, sei lá como isso o afetou", ela me contou um dia, como se fosse a primeira vez que tirava do peito o peso de ser mãe. Aprendi com ela como nós mulheres vivemos cheias de culpas e de tristezas. Eu tentava mitigar essa mágoa dizendo que ela tinha sido uma mãe excelente, que cuidou de nós com as ferramentas que estavam ao seu alcance, mas que precisava tentar compreender Andrés para melhorar a relação entre os dois. "Seu irmão me despreza", respondia minha mãe, que também confessava estar cansada dos gritos e dos maus modos dele.

Era uma batalha parcialmente perdida, mas eu ainda tinha a ilusão de que, com a situação se agravando tanto, meu irmão poderia tirar os óculos do rancor que usava para enxergava tudo e ver nossa mãe como o que era: uma senhora de idade, doente e precisando de muita ajuda. Mas o milagre não acontecia.

Acabei chegando à conclusão de que minha mãe teria sido mais feliz sem filhos, nunca soube se desejou mesmo a maternidade. Ela sempre repetia aquele clichê de que ninguém está preparada para isso, e contava que não tinha aprendido quase nada com sua própria mãe, que dizia amar muito mas de quem realmente falava pouco, o que eu interpretava como sinal de uma relação distante. "A pior parte sempre cai em cima das mulheres", repetia, me inculcando a ideia de que ter filhos tinha que ser uma decisão consciente a ser tomada quando eu fosse capaz de me responsabilizar economicamente por eles, "sem ajuda de homem nenhum". Em determinado momento, mudou de opinião e queria que eu lhe desse mais netos, mas netos que ficassem perto dela. "Assim não adianta nada, de qualquer jeito você está longe", encerrava a conversa. De tanto ouvi-la dizer que os filhos têm que ser uma decisão planejada, acabei ficando anos sem pensar na possibilidade de ser mãe. A vida acabou decidindo por mim, e quando um dia lhe telefonei para dizer que meu corpo é estéril, minha mãe sofreu como se fosse o seu próprio útero, me fazendo sentir mais culpa do que antes.

Eu cresci pensando que minha mãe não queria se casar, e tinha orgulho de ser filha de uma mulher que desafiou a família e foi morar com um homem sem assinar os papéis nem se vestir de branco. Descobri mais tarde que essa mulher era muito mais convencional, era uma romântica que teria adorado dizer o sim com flores e fanfarra, mas que decidiu encarar com pragmatismo as decepções de um primeiro amor longínquo.

Os filhos, tal como a vida com meu pai, vieram sem planejamento, e minha mãe respondeu à altura. "Com o primeiro filho você fica preocupada com tudo, se ele come, se não come. Com os outros se supõe que é mais fácil, mas para mim não foi", contava minha mãe naquelas viagens de quase setecentos quilômetros de estrada que, durante os anos que passei em Caracas, durante a primeira década de Chávez, nós duas fazíamos indo e voltando de Maracaibo. Íamos nos revezando ao volante e parávamos em algum povoado de Lara, na metade do caminho, para almoçar e comprar peças de artesanato que pouco a pouco foram se acumulando na sua casa e na minha. Apesar de brigarmos tanto, conseguíamos passar horas dentro de um carro dando risadas. Vivemos muitas coisas nas estradas da Venezuela, incluindo um acidente grave. Foi nelas que minha mãe me ensinou a dirigir, mas foi nelas também que me ensinou, ultrapassando carros no trajeto, que na vida "a gente tem que ser decidida". Ela era atrevida, ainda mais dirigindo, mas sua ousadia me pegou de surpresa no dia em que decidiu pisar no acelerador quando viu uma barreira da Guarda Nacional. Só parou, metros adiante, quando ouviu um tiro no ar. Antes que os militares nos alcançassem, perguntei por que ela tinha feito aquilo, poderiam ter nos matado. "E como vou saber se são militares de verdade e não sequestradores?", respondeu, indignada.

E disse a mesma coisa, com aprumo e indignação, ao guarda que a interpelou pela janela. Eu costumava pensar nela como alguém de poucas paixões, mas minha mãe tinha mais intensidade e mais coragem do que eu tive em toda a minha vida. O guarda nos passou um sermão sobre o respeito às autoridades e nos mandou ir embora. Os postos de controle nas estradas eram fixos, e de tanto fazer o mesmo trajeto a gente os memorizava, mas vez por outra era possível se deparar com uma barreira móvel, improvisada, como a que encontramos nesse dia. Também era comum que policiais e militares, ou pessoas vestidas como tais, instalassem barreiras em paragens solitárias para roubar ou sequestrar.

Creio que tínhamos mais medo das autoridades que deveriam nos proteger que da possibilidade de um assalto.

"Meliantes com porte de armas, como é que se pode confiar neles?", disse minha mãe, e virou a chave do carro resmungando.

O fato de um dos seus filhos ter vestido um uniforme não mudava a sua perspectiva; ao contrário, ela nunca chegou a gostar da decisão de Andrés. Ele, que quando era criança ateava fogo em tudo e montava cenários de guerra no piso da sala com seus soldadinhos verdes de plástico, primeiro quis ser piloto de avião, mas não cumpria os requisitos. Estava sem rumo quando terminou o ensino médio em 1994. Não era fácil conseguir uma vaga na universidade pública, mas minha mãe — que aceitou resignada que Jesús cursasse uma escola técnica — insistiu em ajudar Andrés a entrar na Universidade de Zulia, onde ela tinha se formado. Conseguiu, mas em vez de estudar, meu irmão, "da pá virada", abraçou a causa estudantil. Estávamos no meio da década de 1990 e os estudantes paralisavam as universidades públicas com bastante frequência. Mamãe sofria. Mais de uma vez foi ao centro estudantil da Faculdade de Humanidades para ter notícias do filho que, durante os protestos, passava dias sem aparecer. Ela tinha essa forma de se preocupar, demonstrando estar brava. Em vez de dizer que queria saber onde estava o filho, chegava aos lugares reclamando da irresponsabilidade de Andrés, que, em vez de estudar, ficava nas ruas "jogando pedras".

Ele era conhecido como "Peruca", por causa do cabelo comprido. Quase ninguém sabia o seu nome, o que mudou quando eu, anos depois, entrei na faculdade e começaram a nos identificar como irmãos. Um grafite com o apelido dele coroava a ponte que ligava a universidade com o restaurante estudantil, atravessando uma enorme avenida. Era um líder e tanto, comentavam nos corredores. Um dia, quando eu ia para a faculdade num carro compartilhado, um grupo de estudantes do movimento nos parou; tinham fechado a avenida e estavam incendiando um caminhão, como costumavam fazer para protestar contra alguma das mil e uma coisas que iam mal naquela década dura na Venezuela. Um dos garotos se aproximou da janela, estava com o cabelo solto e o rosto quase todo coberto por um lenço preto. Achei que ia nos pedir para sair do carro, mas quando me viu sentada na frente, foi embora sem dizer nada. Enquanto o motorista agradecia aos seus santos, eu seguia com os olhos naquele homem de olhar triste que corria entre os carros dando instruções àquele enxame de estudantes inflamados. Fiquei me perguntando se nosso pai ficaria orgulhoso de ver o filho lutando pelas causas em que acreditava ou se o repreenderia.

"Isso é coisa de vagabundo, universidade é para estudar e ponto-final", disse minha mãe nessa noite, zangada, quando lhe contei que tinha visto Andrés no protesto que me deixou sem aula naquele dia.

Meu irmão, cujo apelido aparecia vez por outra nos jornais e cujo rosto vimos numa foto, magro e empunhando a bandeira de um movimento de esquerda no teto de um ônibus durante um protesto em Caracas, desistiu de mudar o mundo quando entendeu que não tinha habilidade para lidar com negociações políticas e que podia acabar sendo preso a qualquer momento. Largou a universidade e se inscreveu na academia de polícia sem nos dizer nada. Não foi difícil manter o segredo, porque Andrés não morava mais conosco fazia alguns meses. Minha mãe o expulsou de casa numa das inúmeras discussões que tivemos, que com ele fluíam de verbais a físicas em dois segundos. Isso foi só a cereja do bolo, porque apesar de minha mãe amá-lo, e ele, acho, também a amar, era como se duas pessoas diferentes vivessem dentro dele: uma que era violenta, queria tirar proveito de tudo e não tinha empatia; e outra que sofria e se sentia desprezada por todos à sua volta. Com nenhuma das duas era fácil conviver.

Não lembro como soubemos que ele ia se formar na academia de polícia, mas minha mãe não deixou passar em branco. Assim como foi ao centro estudantil da universidade perguntar pelo paradeiro do filho, que deveria estar estudando e não protestando, e depois o expulsou de casa quando considerou que seu comportamento não era apropriado, e na infância pedira a uma professora que o fizesse repetir o ano porque ele, a seu ver, mal sabia ler, minha mãe também foi à academia de polícia e exigiu que meu irmão fosse reprovado.

Foi um episódio e tanto. Indignada, perguntou se Andrés havia passado por uma avaliação psicológica durante a formação. Nem esperou a resposta. "Ele não pode andar com uma arma nas mãos, que espécie de policiais vocês são?", gritava. Não faltou o clássico e sempre vigente "é por isso que estamos assim. Este país tem o que merece". Eu, atrás dela, estava muda. "Não acoberto nenhum dos meus filhos e é por isso que estou aqui, se querem lhe dar um uniforme, vocês é que sabem, mas cumpri o meu dever de dizer a verdade", disse, concluindo. Sem parar para ouvir ninguém, foi-se embora, e eu atrás dela.

Alguns viam nesse tipo de reação uma dureza que beirava o desamor. "Eu quero o melhor para os meus filhos e por isso não posso ser leniente, não quero que eles virem marginais", dizia quando alguém criticava o seu caráter implacável. Realmente era difícil entender como seu pulso não tremia em quase nenhuma ocasião. Isso foi outra das coisas que tentei ver sob uma luz diferente, já adulta: minha mãe era assim, aquilo fazia parte de sua personalidade, não queria dizer que ela nos odiasse.

Embora Andrés sentisse que era o objeto da sua falta de afeto, minha mãe não era diferente com Jesús, a quem obrigou aos 22 anos a ir morar com a namorada quando ela ficou grávida, para "marcar presença"; nem comigo, que me deixou dormindo no corredor de acesso à casa quando, aos dezenove anos, cheguei meia hora depois do seu toque de recolher, que começava às onze horas da noite.

Minha mãe acreditava na disciplina e na honestidade, mas às vezes tangenciava a fronteira do conceito de "malandragem". Nesses casos, ela justificava como males necessários os pequenos ardis que nós venezuelanos nos habituamos a praticar sem por isso nos achar corruptos, como declarar dependentes a mais para escapar de impostos ou tentar convencer o guarda de trânsito a aliviar uma multa. Afinal de contas, os verdadeiros corruptos eram os políticos — até quando a gente, o povo pobre, ia continuar dando dinheiro para um governo que roubava tudo e era o culpado pela nossa situação?

Mas esse era outro motivo pelo qual minha mãe se opunha à ideia de que um dos seus filhos entrasse para a polícia. Uma coisa era convencer o guarda de trânsito, outra, tornar-se parte do sistema. "A questão é que não há como não ser corrupto na polícia. Se você é honesto ao entrar, acaba se convertendo, ou se afasta, ou senão é mandado embora", dizia uma tia minha.

O dramaturgo José Ignacio Cabrujas dizia, no fim dos anos 1980, que na Venezuela "a noção de Estado" era "um esquema de dissimulações". Numa das suas mais conhecidas entrevistas, Cabrujas afirmava que, ao contrário do nome da disciplina escolar em que os conceitos "moral e cívica" figuravam juntos, os venezuelanos os interiorizaram como antagônicos. Uma coisa era a "moral" que se aprende na escola, outra a "cívica" explicada pelo "guarda da esquina". Boa parte dos policiais na Venezuela era mal preparada e mal paga. Muitos moravam nos *barrios* que reprimiam, sem nenhum tipo de proteção. Outros eram subjugados pelas circunstâncias em protestos. A corrupção se institucionalizou na corporação talvez como mecanismo de sobrevivência, ou talvez como mais uma expressão do país que éramos, um país sem lei, onde ninguém confia em ninguém. Se alguém se visse em risco de ser assaltado em casa, seu primeiro instinto seria, sim, ligar para a polícia, porque as sirenes afugentariam os intrusos, mas topar com uma patrulha na rua, em especial à noite, normalmente gerava mais medo que confiança. Se a polícia rouba e sequestra, a quem se pode recorrer? Na Venezuela essa desconfiança se aprendia em casa, na rua e na televisão, na qual os policiais muitas vezes eram retratados como aves de rapina que chegavam para carregar tudo o que sobrasse do butim.

Com o aprofundamento da crise e o aumento da violência, muitos policiais transformaram a segurança em negócio. Aceitamos que a insegurança era normal e que os resultados dependiam das nossas escolhas. Se você saísse com alguma coisa mais chamativa, a culpa por ser roubado era sua. Usou o celular na rua? E achava que ia acontecer o quê? Andou com o vidro do carro abaixado? Agradeça porque só foi roubado, não aconteceu coisa pior, porque você, francamente… Nessa altura, as pessoas começaram a entender que a proteção também era responsabilidade de cada um e se institucionalizou o pagamento a policiais para cuidar não só de estabelecimentos comerciais, mas também de residências e quarteirões, em guaritas improvisadas. A arma e o uniforme eram uma via de mão dupla para os policiais: davam impunidade para fazer o que quisessem, mas também os transformavam em alvos. Minha mãe não achava boa nenhuma das duas coisas. O fato de Andrés ter sido roubado dentro da própria academia de polícia só reforçou sua opinião.

Ela não tinha conseguido fazer meu irmão repetir o ano no ensino fundamental, nem tirá-lo do movimento estudantil a tempo de voltar para a sala de aula, mas conseguiu impressionar seus superiores na academia policial, que decidiram cancelar a formatura.

Porém, além de minha mãe ter aversão a policiais e achar que era uma imprudência entregar uma arma ao meu irmão, que perdia as estribeiras com facilidade em discussões familiares, ela temia que, num país violento como a Venezuela, as balas que não o acertaram nos protestos, quando ele queria mudar o mundo, acertassem agora, caso passasse para o outro lado. Era sim amor de mãe, mas Andrés não podia enxergar isso. Meu irmão acabou se formando anos depois na polícia e levou para mamãe uma foto sua, fardado. Ela sorriu, mas lhe disse que nunca fosse à sua casa armado, e que se cuidasse. "Não quero receber um telefonema de madrugada", avisou.

Eu também me preocupava com ele, mas não sabia como dizer. Tínhamos brigado por anos a fio, verbal e fisicamente. Eu desaprovava as suas maneiras, e ele, as minhas. Quando olhava o seu rosto via a mim mesma, tirando o seu olhar triste; percebia que éramos idênticos. Guardei uma foto nossa da infância em que estamos sorrindo, juntando as cabeças, sentados num sofá de outra época, da nossa sala de outra época, de quando nossa casa não era um bunker e nossa preocupação primordial não era estocar coisas.

Minha mãe se preocupava com Andrés porque o julgava sem rumo. Sempre havia considerado Jesús o mais sagaz dos três. Ela achava que ele e eu éramos "despachados", mas antes da debacle era evidente que minha mãe entendia muito melhor a lógica de Jesús que a minha. Ninguém compreendia exatamente o que eu fazia. Quando me formei em jornalismo, minha mãe sugeriu que fosse trabalhar como agente de saúde, e uma das minhas tias, que fizesse um curso de fiscal de trânsito.

Em 2015, as dores no quadril de minha mãe aumentaram e o traumatologista lhe disse que era porque a prótese que haviam colocado há doze anos precisava ser substituída. O seguro cobria a cirurgia, mas não o custo do implante, que aliás nem existia na Venezuela. Na primeira vez em que minha mãe passou por esse procedimento, em 2003, o médico nos explicou que, por precaução, dispunham de três medidas do mesmo implante na sala de cirurgia para usar o tamanho mais adequado para o paciente, que só era determinado durante o processo. Agora, a única forma de conseguir era através de um intermediário. A prótese de titânio de que minha mãe precisava custava cerca de 2 mil dólares. Na minha família, ninguém podia pagar isso, muito menos minha mãe, com suas duas aposentadorias que já não davam nem para o básico.

Consegui encomendar o implante porque ia receber uns salários atrasados na empresa onde trabalhava, mas entendi pela primeira vez que algum dia poderia não dar tanta sorte, nem sempre teria uma carta na manga para resolver os problemas que iam surgindo sem ter tempo de antecipá-los: eu não tinha criatividade suficiente para prever o que vinha pela frente. Mal superávamos um obstáculo, já aparecia outro. Não dava tempo nem de ficar contente. "É louco pensar como na Venezuela sempre pode ser pior", dizia um amigo.

Foi um longo caminho, mas a cirurgia deu certo. Os problemas vieram depois. É que nós usamos a apólice do seguro-saúde para pagar os honorários, mas o traumatologista — que atendia minha mãe fazia décadas — não se conformou em receber em bolívares e, quando viu que eu tinha pagado a prótese em dólares porque morava fora do país, exigiu de minha mãe, ainda convalescente, que depositasse seus honorários numa conta no exterior. O anestesista não ficou atrás, e conseguiu o celular de minha mãe para também telefonar pedindo dinheiro, apesar de também ter sido remunerado pela clínica. Esses dois médicos começaram a ameaçá-la com ações judiciais, e minha mãe, de repouso numa cama, chorava ao telefone quando me falava do seu medo de perder a casa, a única coisa de valor que poderiam lhe tirar. Era impressionante como minha mãe, fora das filas do chavismo, tinha deixado de se sentir empoderada e agora, apesar de toda aquela conversa do Comandante de reivindicação social, estava sendo intimidada por um médico que no seu imaginário tinha mais recursos que ela e podia, se quisesse, lhe tirar a casa arbitrariamente.

Tentei argumentar com o traumatologista, que me conhecia desde criança, mas foi inútil, era como se tivesse se transformado em outra pessoa. A mulher dele, uma terapeuta que anos antes tivera uma clínica particular num bairro nobre de Maracaibo, me mandava mensagens com insultos. Era surpreendente ver aquela mulher, loura, alta, magra e elegante, sempre cheia de pérolas e como se tivesse acabado de sair do cabeleireiro, me enviando mensagens chulas por causa de um pagamento extra em dólares que, com certeza quase absoluta, não era indispensável para eles. *Em que nos transformamos?*, perguntava para mim mesma enquanto relia as mensagens.

Eu me neguei a dar mais dinheiro a eles e acalmei minha mãe dizendo que não achava que pudessem fazer nada contra ela. A Venezuela era um país sem lei, mas não via como dois médicos da elite marabina poderiam agir com violência em relação a uma senhora de setenta anos que estava recém-operada do quadril. De todo modo, à distância, tive que procurar outro médico para assumir o pós-operatório.

O traumatologista e o anestesista afinal se renderam. Pararam de escrever e de ligar. Nós também deixamos de comentar o assunto, mas passei dias pensando neles e tentando entender o nível de perversão do sistema que imperava na Venezuela e que mostrava o pior de cada um de nós. O país estava desmoronando, e pelo visto nós também.

Em setembro de 2016, Jesús ainda morava num quartinho e continuava trabalhando ilegalmente num restaurante italiano no Panamá servindo as mesas. Era mais um dentre as centenas de venezuelanos que começavam a frequentar os noticiários. Certa manhã, enquanto estavam arrumando as mesas do salão no período entre o café da manhã e o almoço, Jesús tinha ido até o pátio para matar o tempo que, para ele, sem clientes para dar gorjetas, de qualquer jeito já estava morto. Ouviu um barulho inesperado a essa hora no restaurante e, por uma janela, viu um grupo de homens chegando de forma intempestiva. Um dos garçons tentou correr mas foi em vão. Eram os "da migração", e, sem pensar duas vezes, meu irmão saiu por uma ruela traseira, assim como estava, sem a carteira, o dinheiro nem a mochila. Ao contrário dos outros dois garçons, meu irmão conseguiu escapar dos fiscais, mas nem por isso conseguiu manter o emprego. O dono do restaurante, multado, não teve alternativa senão despedi-lo quando Jesús se apresentou para trabalhar no dia seguinte.

De volta à estaca zero, meu irmão decidiu sair procurando emprego de porta em porta, mas chegavam cada vez mais venezuelanos, e os oficiais da migração andavam à caça. Quanto mais venezuelanos chegavam, mais demoravam a sair os documentos de trabalho. Meu irmão nunca conseguiu o papel que lhe permitiria ter um emprego como um panamenho. Mas eu não sabia de nada disso. As poucas coisas que fiquei sabendo de sua vida no Panamá ele só me contou anos mais tarde, quando lhe perguntei — ou seja, quando enfim fiz algo que fazia com facilidade com desconhecidos, na época em que cobri as migrações: me interessei pela sua vida.

Quando meu irmão conta o que viveu, relata sem sentimentalismo. Enumera os trabalhos que teve para marcar cada período, mas evita adjetivos. É difícil saber se ele sofreu com a distância — a simples ideia de lhe perguntar me parece absurda, tão absurda como lhe dizer como eu sofro em cada despedida.

Mas quem sofria mesmo, e diariamente, era nossa mãe, que estava ficando cada vez mais carente e vulnerável. Dizia que estava muito sensível, chorando por qualquer coisa. Essa vulnerabilidade era algo novo que se instalara nela alguns anos antes, em um momento impossível de identificar. Não sei quando isso aconteceu, mas sei que a mulher que não foi à minha formatura de ensino médio porque tinha que trabalhar não chorava por tudo; aliás, nem chorava. Quando ela estava mal, gritava ou brigava, mas não chorava. Foi com ela que eu aprendi, de fato, a controlar minhas emoções, porque minhas lágrimas infantis não a comoviam: pelo contrário, a endureciam. Minha mãe não tolerava o que chamava de minhas "malcriações", que eram apenas falta de casca grossa para a vida. Jesús me parecia um decalque dela. Isso foi uma coisa que senti particularmente quando meu pai morreu.

Naquela manhã de novembro, quando meu pai estava internado, voltei para casa cedo, depois de vê-lo em sua cama de hospital, pálido e fraco, como se alguém o tivesse despojado de vez de todos os seus superpoderes. Eu o vi tossir sangue num lenço, incapaz de levantar para ir ao banheiro. Reclamou que minha mãe me deixara lá antes de tomar o café da manhã e me mandou voltar para casa. Uma tia me levou, e quando cheguei vi Jesús e comecei a chorar. "Papai vai morrer", balbuciei. Jesús me deu o café da manhã e disse que me levaria de volta para o hospital, "mas não quero ouvir berreiro". Uma amostra clássica de "carinho" no estilo herdado de nossa mãe. Caminhei ao lado dele tentando conter as lágrimas. Por muitos anos, o chamei de insensível e desprezei a sua frieza. Um dia finalmente repensei as coisas. Lembrei que Jesús, que não tinha interesse em estudar, pagou o meu cursinho pré-universitário, e também que saiu correndo para a minha formatura de ensino médio quando soube que nossa mãe não ia. E então entendi que ele simplesmente reagiu como podia à vida que teve. Afinal de contas, enquanto alguns de nós chorávamos, ele tinha que vender lenços.

Quando Jesús era criança, adorava se vangloriar de que era "o único filho que não dava problemas". Isso não era totalmente verdade, mas era o único de nós que não reclamava de nada. Nisso ele não se parecia em nada com nossa mãe, que cada dia reclamava mais. Eu tinha não apenas que confirmar constantemente para minha mãe o amor do meu irmão, mas também reafirmar o meu. Como se não tivéssemos problemas suficientes. Não bastava que eu lhe telefonasse e escrevesse todos os dias, que lhe mandasse dinheiro e comida, que me encarregasse de pôr créditos no telefone dela e pagar os cartões de crédito que usávamos entre uma transferência e outra. Eu não estava lá, e essa ausência era imperdoável. Nós duas sabíamos ser cruéis e nos conhecíamos o suficiente para acertar na outra dardos verbais que às vezes ficavam cravados, mesmo que depois nos desculpássemos.

"Eu respeitei todas as suas decisões, pedi que viesse porque meu coração me pedia isso, mas você não entende o sofrimento que me causou porque não é mãe, nem nunca será", gritou-me ao telefone certa noite, aludindo à minha impossibilidade reprodutiva.

"Pois é uma pena que não tenha conseguido me abortar", respondi com todo o sarcasmo que podia vomitar antes de bloquear seu número.

O arrependimento não demorava nem dez minutos, mas há certas coisas que não podem ser desditas. Ela sentia culpa por sua tentativa fracassada de aborto. Eu tinha ultrapassado todos os limites usando contra ela algo que me havia confiado, e ela sabia que não era culpa minha não poder ter filhos. Quanto desse esgotamento emocional era consequência do que vivíamos? Eu não tinha ideia, só sabia que estava exausta, e afinal tive coragem de lhe dizer. No calor das emoções, ela reagiu falando da sua sensação de ser um fardo.

Nossos e-mails e telefonemas se tornaram ainda mais pragmáticos. Quando conseguíamos conversar, era geralmente sobre os outros ou o país, porque o que minha mãe não perdia, apesar de tudo, era seu ímpeto de ver notícias e criticar o governo. Alternava entre os canais de notícias internacionais na televisão a cabo, o Facebook e o Twitter. Parecia uma paixão inútil, tendo em vista o estado das coisas, mas era uma paixão, algo necessário para alguém que na maior parte das vezes me dizia "não tenho motivos para continuar vivendo". Ouvir minha mãe falando de morte era outra tortura, quase um terrorismo mental. Eu não queria perdê-la, mas às vezes parecia que já a tinha perdido. Por mais que tentasse animá-la, de que futuro eu podia lhe falar se não conseguia resolver nem mesmo os problemas do dia?

Andrés, o único de nós três que ainda morava em Maracaibo, era tão inconsistente quanto esse futuro que eu tentava desenhar a todo custo para mamãe em seus dias mais sombrios. Ele aparecia quando queria, surfava por diversos estados de ânimo e era uma pessoa em quem não se podia confiar. Tornava-se cada vez mais óbvio que não tínhamos o necessário para sobreviver como família ao colapso da Venezuela.

4

Chávez se enraizou de tal forma na nossa vida que adquiriu a força de um mito. Tornou-se um divisor de águas em nossa história. Não apenas marcou um antes e um depois, mas transformou as nossas fissuras numa separação cuja solução às vezes parece um desafio maior que a própria crise econômica. Não se tratava só de repartir o país entre chavistas e opositores, ou bolivarianos e apátridas. A fratura superava sua narrativa histórica de privilegiados contra não privilegiados e permeava tudo. Os que tinham dólares e os que não tinham, os que conseguiam comida e os que não conseguiam, os que iam embora e os que ficavam. Para Chávez, que um dia causou briga até entre os esquimós no longínquo Alasca, não foi difícil atiçar as diferenças entre as duas Venezuelas, que fingiam ser amigas, expondo suas feridas profundas e sempre em carne viva. Agora era um salve-se quem puder no qual, ao contrário de atingir a prometida igualdade, sucumbíamos a um darwinismo social.

Meus irmãos, minha mãe e eu não éramos alheios a essa realidade. Aquelas paredes invisíveis que construímos em casa, enquanto nos constituíamos como família, agora se tornavam infranqueáveis por causa das diferenças econômicas. A crise revelou o nosso pior, e começamos a nos situar em posições opostas.

Minha mãe não se empolgava muito com a ideia de ter uma filha estudando jornalismo, mas nunca me pediu para desistir. Mesmo assim, eu tinha a impressão de que ela e meus irmãos me viam como ingênua e presunçosa. Quando me formei, aos 22 anos, já estava havia um ano na redação de um jornal local, onde fui estagiária e escrevi minhas primeiras matérias. Nessa época, Jesús tinha um mercadinho em casa que atingiu seu auge durante as greves gerais de 2002 e 2003, quando era difícil conseguir comida porque a petroleira tinha liderado a paralisação nacional, fechando a torneira dos postos, deixando-nos sem gasolina e estancando o comércio durante meses. Como era de esperar numa família de gente perspicaz e empreendedora como a minha, Jesús capitalizou o momento indo ao centro da cidade de madrugada para trazer produtos, em sua maioria colombianos, que depois evaporavam em poucos minutos devido à paralisação do comércio. Minha mãe, como um peixe dentro d'água, o motorizava e ajudava na gerência do mercadinho. Se minha família entendia de alguma coisa era de como enfrentar uma crise, e isso tinha muito a ver com a nossa "malandragem", a capacidade de transformar um limão numa limonada.

Mas eu queria desesperadamente provar que estavam errados. Com a facilidade que temos de endeusar os mortos, eu estava convencida de que meu pai com certeza me entenderia. Minha mãe não se conformava com a minha insistência em trabalhar como jornalista, assim como não se conformava quando me via, anos antes, ganhando uns trocados fazendo malabarismo nas esquinas da cidade. Sugeriu então que eu fizesse uma carreira como professora universitária, o que seria um marco econômico e profissional na minha família. Os benefícios contratuais, sem dúvida, eram melhores do que aqueles que ela e suas irmãs professoras de educação básica e diversificada tinham conseguido. Superadas as greves, o dinheiro começou a jorrar graças ao nosso novo boom petroleiro, mas meu salário não melhorava. Minha mãe ficava preocupada.

"Você vai pelo mesmo caminho que o seu tio, idealista, que recusou cargos políticos e agora, olha só, não tem nem onde cair morto", me dizia minha mãe se referindo a um dos seus irmãos mais velhos.

Ao contrário de muitos dos meus primos, sem preocupações econômicas, como jornalista na Venezuela eu vivia sempre pensando no fim do mês e na cultura boêmia das redações. Nem minha mãe nem meus irmãos liam as minhas matérias. Antes de minha mãe se afastar do chavismo, em 2010, ela nem sequer me considerava uma interlocutora válida. Sempre cobri a área política, porque na minha época era onde havia mais demanda. Para mim, a beleza do jornalismo era viver contando histórias, já que cada dia é diferente do anterior. Eu era obcecada por entender o chavismo, e tinha conseguido um acesso considerável às suas principais figuras em pouco tempo, num país onde, em todos os campos, a informalidade é lei. O jornalismo, além disso, tem a característica de nos permitir circular em diversas esferas, o que eu via como um privilégio social. Mas minha mãe não via nada além da questão financeira. Para ela, era simplesmente incompreensível que, ao contrário dos meus irmãos, eu estava cada vez mais pobre. Logo eu, que tinha passado cinco anos na universidade.

Em 2007, quando me contrataram no jornal de maior circulação do país, consegui dobrar o meu salário e até comprei um carro de duas portas graças a um programa do governo que isentava de impostos alguns modelos de veículos. No entanto, minha situação econômica não melhorara devido à piora do país. Os preços não tabelados disparavam graças à inflação de dois dígitos que o governo tentava maquiar e justificar, mas não conseguia esconder. Alguns produtos começavam a faltar, enquanto os produtores, para fugir do tabelamento, lançavam versões alternativas de alimentos básicos que assim conseguiam comercializar por preços mais elevados. Farinha amarela ou arroz já temperado eram basicamente a mesma farinha ou o mesmo arroz básico, mas uma variação qualquer na receita os liberava do jugo do tabelamento e podiam ser vendidos a preços de mercado livre. Os produtos estavam nas prateleiras, mas com valores muito mais altos, o que fazia meu tíquete de alimentação e meu salário renderem cada vez menos.

Mas para mim um verdadeiro aviso do que vinha pela frente foi quando tive, em 2007, que entregar o apartamento de 120 metros quadrados nos subúrbios de Caracas, que alugava com uma amiga fazia três anos, porque se espalhou entre os proprietários o pavor de perder seus imóveis devido às políticas habitacionais do governo, que os classificava como "oligarcas".

Em seu último período de governo, Chávez desestabilizou o mercado imobiliário estabelecendo uma legislação que correspondia em síntese a uma retórica populista. O chavismo dizia, em seu discurso, que com mudanças nas leis e a criação de novas instituições queria combater a usura nos aluguéis e aumentar as garantias de moradia para quem não tinha um teto próprio. Na prática, deu instrumentos que foram aproveitados por muita gente para não pagar aluguel e ameaçar de expropriação o dono do imóvel. Em consequência, a oferta de aluguéis caiu drasticamente, porque todo mundo ficou com receio de perder sua propriedade com o amparo da revolução.

Foi nesse contexto que eu, no auge da minha carreira, fiquei sem ter onde morar.

No leste da cidade, algumas pessoas alugavam imóveis em dólares para estrangeiros, embora, desde que o controle de câmbio foi imposto, estivessem proibidas transações em divisas. Os estrangeiros não apenas eram os únicos clientes que podiam pagar, favorecidos ainda mais pela taxa de câmbio do dólar paralelo, cada vez mais ridícula, como também, pela natureza temporária de sua permanência, davam tranquilidade aos proprietários de que não tentariam se apossar de seus apartamentos ou suas casas.

Morei de favor uns quatro meses até que afinal consegui um anexo de cinco metros quadrados num casarão antigo no centro da cidade. O bairro tinha sido habitado no século passado pelos imigrantes europeus do pós-guerra, mas na nova Venezuela era escuro e perigoso. Para minha mãe, não tinha sentido eu retroceder em vez de avançar. Em Maracaibo, meus primos e meus irmãos não incluíam o aluguel entre suas preocupações, todos tinham casa própria. Caracas era associada a pobreza, a morros, a um lugar onde todos os que chegavam de fora tinham que suportar as condições de morar na periferia ou se resignar com um quarto para poder ficar no centro ou na zona oeste. Quantas vezes tive que escutar: "Eu não entendo como você insiste em morar desse jeito". Eu não insistia, só tentava tocar o barco em que subi ao escolher uma carreira sem futuro e me mudar para uma cidade onde não tinha família.

Apesar de tudo, gostava da minha vida. Curtia minha rotina que se passava principalmente nos corredores do Congresso perseguindo políticos. Não me lembro de reclamar do que vivíamos naquela época. Normalizava tudo, e trabalhando não era diferente. A falta de acesso às fontes e os ataques de Chávez e de alguns dos seus funcionários à imprensa eram parte do dia a dia. "Adoraria, mas vocês distorcem tudo o que eu falo", me diria o presidente em rede nacional quando arrisquei pedir uma entrevista numa coletiva. Outro dia, fui levada ao carro de uma das figuras mais próximas do Comandante. "Você não queria uma entrevista? Então vamos", disse ele antes de me levar para passear pela cidade rumo a uma base militar. No trajeto não titubeou em me mostrar o fuzil que levava no carro porque "nunca se sabe". Tudo era normal para mim, que tinha aprendido a fazer jornalismo na Venezuela da revolução e não tinha outra referência.

Meu aluguel disparava junto com a inflação e meu salário estava cada vez mais defasado. Em 2009, ficou claro que eu não sobreviveria a outro aumento de aluguel e que, se não conseguisse alguma coisa depressa, ia acabar na rua. Decidi intempestivamente comprar um apartamento. Eu não tinha dinheiro guardado, então precisei pedir um empréstimo. Na dinâmica distorcida da Venezuela, pagar as parcelas seria mais fácil do que cobrir o aluguel. Foi um péssimo timing, porque coincidiu com a época em que Chávez decidiu estatizar quase uma dezena de bancos, entre os quais o que eu tinha escolhido para fazer a hipoteca. Depois de passar alguns meses numa expectativa tensa, por fim as águas se acalmaram, os bancos começaram a operar sob o guarda-chuva do Estado e o meu crédito foi aprovado. O caso é que, quando finalmente assinei a compra do apartamento, as circunstâncias tinham mudado e eu já decidira ir embora do país. Como não me parecia uma saída definitiva, e sim uma coisa mais circunstancial, temporária, resolvi ficar com o apartamento e alugá-lo para pagar os vencimentos mensais da hipoteca. Um dia eu voltaria.

Durante os anos posteriores à minha partida, eu lia as notícias do país como um diário do apocalipse, que podia não abalar meu corpo, mas abalava psicologicamente ao ouvir como meus tios, primos, irmãos e minha própria mãe eram atingidos. Estar fora da Venezuela me mostrava todos os dias como a vida pode e deve ser diferente, como lá a gente se acostuma a ser assaltado, a não ter serviços, à falta de comida, ao medo, a viver cada dia como um desafio e a passar a vida sempre à procura de alguma coisa. Quase todos os empreendimentos da minha família faliram ou fecharam. Meus primos e meus próprios irmãos sucumbiram um por um e começaram a emigrar.

Eu estava numa situação melhor, mas era só por ter saído antes da grande debacle, não havia muito mérito nisso. Durante meus primeiros anos fora do país, realmente minha vida era mais fácil que a de quem estava lá, mas nem tudo era felicidade. A questão é que, com tantas carências na Venezuela, a felicidade era associada a ter coisas básicas como comida. Mas, embora uma parte de mim estivesse para sempre ancorada no Caribe, outra parte estava fora e com comida na mesa, eu insistia em me dar ao luxo de ter problemas emocionais e de ficar ressentida por não me entenderem em meu país natal. "De que está se queixando? Você não mora mais aqui", foi uma coisa que me acostumei a ouvir dos amigos e parentes, e por mais que ficasse irritada no momento, sei que eles tinham razão.

Essa inversão de posições foi piorando minha relação com meus irmãos, especialmente com Andrés. Com minha mãe, havia um equilíbrio delicado. Minha culpa aumentava por não ter tantas dificuldades como ela, e isso me impedia de compartilhar minhas angústias. Conversávamos cada vez menos sobre a minha vida. Eu me sentia mal por me divertir ou gastar dinheiro com qualquer coisa, também me sentia mal por não sermos mais próximas. Mais de uma vez telefonei para ela com alguma desculpa estranha para conversar sobre qualquer coisa. Se falar de banalidades já era difícil, pior ainda era falar do que não ia bem na minha vida, ou do que eu achava que não ia bem. Se minha mãe nunca tinha entendido minha escolha profissional, entenderia muito menos que era frustrante para mim ter mais de trinta anos e não haver construído a carreira que tanto ambicionava. Às vezes eu me empolgava e, tentando conquistar seu reconhecimento e sua aprovação, lhe contava que tinha escrito isso ou aquilo. "Que bom, querida", dizia ela, pouco impressionada. "Estou muito orgulhosa de você", acrescentava num tom meio superficial, enveredando rapidamente para algum problema logístico como a recarga do telefone ou o rato que ela tinha visto na casa na noite anterior. Nenhuma das duas estava sendo o que a outra esperava. Acho que ambas nos esforçávamos, com as poucas ferramentas que tínhamos, mas a distância emocional só crescia.

Nesse abismo, algo que nos unia e nos permitia conversar era a Venezuela. Minha mãe estava atormentada com a situação do país e começava o dia lendo portais como Dolar Today, que ficou famoso por dar a cotação diária do bolívar em relação ao dólar, mas que também publicava notas curtas com críticas ao governo. Minha mãe ficava alarmada com tudo o que lia, e às vezes me ligava só para comentar a iminência de uma catástrofe ou de outra. Usava sua conta do Twitter para atrair a atenção de líderes da oposição ou denunciar problemas em procedimentos burocráticos. Ela não interagia muito, mas usava as redes, especialmente o Facebook, como fonte de informação. Em pouco tempo também estava assistindo a programas de notícias e entrevistas no YouTube. Não se separava do seu iPad, que levava para cima e para baixo em sua cadeira de rodas.

Embora concordássemos que o governo estava acabando com o país, minha mãe clamava por uma saída mais radical que eleições. Pelo ímpeto e pelo brio com que me falava, eu temia que um dia ela realmente se atrevesse a ir a uma manifestação. Em sua estranha perspectiva, às vezes me dizia que tinha pedido a Andrés que a levasse aos protestos que a oposição organizava vez por outra. Ele, servindo na polícia regional, se negava, e minha mãe ficava ofendida. "Covarde, isso é o que ele é, um covarde", criticava ao telefone. "Mas, mãe, ele é policial, ele está do outro lado, se for com você a uma manifestação perde o emprego", respondia eu, num tom de obviedade absoluta. Meu irmão não apenas tinha esse impedimento logístico, como também continuava militando de todo coração pela revolução. Seguia convencido de que o país finalmente iria para a frente.

Jesús, que tinha voltado a Maracaibo por alguns meses, regressou ao Panamá em setembro de 2015, antes que minha mãe passasse pela cirurgia de quadril, a última e a única que eu não acompanhei de perto.

Nesse momento, nós quase não nos falávamos. Eu não me preocupava muito com ele, já o conhecia, sabia como era. Aos meus olhos era quase um robô. Uma das poucas vezes em que o vi chorar foi alguns anos depois de enterrarmos nosso pai. Além do nome e da vontade de trabalhar, na minha memória os dois não compartilhavam quase nada. Suponho que eu queria pensar que meu pai era só meu.

Há algumas semanas, já em 2019, Jesús — ou Chucho — veio me visitar. Era um reencontro depois de cinco anos afastados. Pela primeira vez em nossa vida adulta, nós dois nos sentamos para conversar com umas cervejas na mão. Revivendo as memórias, ele me contou que quando éramos crianças costumava acordar às quatro e meia da madrugada, quando ouvia papai preparando o primeiro café do dia. Meu irmão dormia com Andrés no segundo andar, no quarto mais amplo e mais fresco da casa. O quarto cujas janelas eu mandei emparedar há alguns anos com tijolos e cimento e cuja porta mandei reforçar com uma grade interna depois da última tentativa de assalto. Atraído pelas luzes da cozinha, meu irmão, com seis ou sete anos, descia as escadas e pedia a nosso pai que o levasse para trabalhar com ele. "É por isso que peguei o costume de me levantar às quatro e meia da manhã", disse ele, enquanto eu tentava disfarçar a surpresa de redescobrir meu irmão como um garoto com sentimentos, e não aquele robô obcecado por encontrar o negócio mais lucrativo do ano.

Enquanto refazia sua vida no Panamá, entre os anos 2015 e 2016, Jesús também não devia se preocupar muito comigo, eu estava longe havia anos.

Eu recebia notícias dele através de mamãe. Na sua segunda etapa na Cidade do Panamá, meu irmão, que sempre tinha trabalhado no comércio, se reinventou alternando as funções de cozinheiro e garçom num restaurante italiano. Jesús considerava que, como estrangeiro, sem documentos, o mais prático era trabalhar num restaurante porque assim economizava uma ou duas refeições por dia e ainda ganhava gorjetas que complementavam o seu salário, que não chegava nem ao mínimo pela falta de carteira de trabalho. Por isso, apesar de gostar de cozinha e ter a ambição de aprender melhor o ofício de chef, privilegiava o exaustivo trabalho de servir as mesas.

Jesús mandava dinheiro para três casas. Depositava uma mesada para Júlia, a mãe do seu filho caçula. Também tinha dois filhos mais velhos com outra mulher, mas quase não conviveram e ele não os ajudava. Isso era um dos motivos para nossas discussões, eu o reprovava por tê-los abandonado. Jesús, parco e intransigente, me silenciava com alguma de suas frases terminantes, que me faziam perguntar se esse homem tinha coração. Com a atual esposa, Jaqueline, a quem enviava dinheiro periodicamente, não tinha filhos. Uma coisa que não faltava na vida do meu irmão eram mulheres. Assim como eu o censurava pelo abandono dos seus dois filhos mais velhos, nossa mãe o fazia por seu histórico com as mulheres. Os depósitos para minha mãe chegavam, mas em menor quantidade e nem sempre de forma espontânea. Era impossível conversar com meu irmão para resolver os problemas que iam se acumulando. A parte logística seguia sendo toda minha.

Em nova mudança, no final de 2015, fui com meu então marido para os Estados Unidos, onde ele conseguira uma bolsa de estudos. Nesse ano foi a última vez que pus os pés em Caracas até hoje. Fiquei uma noite só, numa espécie de escala forçada, porque não havia mais voos saindo de hora em hora para Maracaibo, como anos atrás.

A falta de voos regulares era apenas uma das tantas coisas que tinham mudado no país que eu deixara cinco anos antes. A deterioração era gritante. Nicolás Maduro estava na presidência havia quase três anos, mas sua popularidade — que nunca foi alta — estava no nível do solo. O que não era de estranhar, considerando que a inflação já chegara a três dígitos, a escassez tinha aumentado ainda mais e a única resposta concreta que ele dava era radicalizar sua política de repressão. Isso virou um traço marcante do governo de Maduro. Dezenas de pessoas eram detidas e jogadas nas celas da polícia política de Caracas ou em outras prisões acusadas principalmente de conspirar ou de trair a pátria.

Durante seus catorze anos de governo, Chávez utilizou artimanhas legais para encarcerar algumas figuras que considerava ameaçadoras, incluindo o seu compadre Raúl Isaías Baduel, general com o qual fundou, ainda no quartel e de maneira clandestina, o Movimento Bolivariano-200. Baduel era tão fiel a Chávez que inclusive liderou uma operação militar em 2002 para colocá-lo de volta no poder depois do golpe de Estado. Mas Maduro escolheu uma estratégia apavorante. Aquelas prisões indiscriminadas o deslegitimavam como presidente no exterior, mas impunham o terror dentro do país, onde o descontentamento era impossível de disfarçar. Em 2015, foram registrados mais de 5800 protestos em todo o país, segundo um balanço do Observatório Venezuelano para a Violência, a maioria dos quais reivindicando direitos econômicos. Foi esse o contexto que levou a oposição a conquistar dois terços do parlamento nas eleições daquele ano. Por 2 milhões de votos de diferença, o chavismo perdeu pela primeira vez o controle do Congresso, e nas últimas horas do ano tentou recuperá-lo mediante uma jogada judicial, com a colaboração de uma corte suprema totalmente servil.

Naqueles dias já era normal que os venezuelanos que saíam do país em algum dos vários voos que ainda partiam da cidade costeira de Maiquetía postassem uma foto dos seus pés pisando no singular piso colorido do principal aeroporto do país. Obra do artista Carlos Cruz Diez, a *Cromointerferencia de color aditivo* é um mosaico que entrelaça várias cores e se estende por mais de 2 mil metros pelo piso e pelas paredes laterais do extenso corredor do terminal internacional do aeroporto Simón Bolívar. Como muitas coisas na Venezuela, a peça, que no final dos anos 1970, a nossa época saudita, simbolizava o progresso e a modernidade, agora definha como mais um cartão-postal da decadência. Por falta de manutenção, e há quem diga que também por vandalismo dos viajantes, seu desenho foi perdendo o brilho com os buracos que se veem onde antes havia pequenas cerâmicas, e à certa distância parece um sorriso de uma boca que está perdendo os dentes, ou da qual estes são arrancados com indolência.

Naquele dezembro de 2015, as ruas de Caracas estavam mais vazias do que eu lembrava das noites agitadas da capital. Meus amigos, embora sempre dispostos a sair, não eram os mesmos, ou talvez eu tivesse mudado. Havia um clima pesado no ar. Sair significava encarar a aura morta do país: fazia muito tempo que os assaltos e homicídios obrigavam as pessoas a um toque de recolher tácito. Agora os restaurantes tinham detectores de metais na porta e a segurança revistava os homens um por um, porque mais da metade do país andava armada, segundo as estatísticas não oficiais, e fazia tempo que na Venezuela as pessoas morriam de bala.

Para quem ganhava em bolívares, qualquer coisa no menu era impraticável, enquanto para quem chegava de fora, com dólares que se valorizavam de hora em hora no mercado clandestino, pagar a rodada de cerveja estava longe de ser um sacrifício econômico.

Meus amigos e eu nos sentamos numa pizzaria no leste, o lado da cidade onde residem as classes média e alta e onde a oposição organiza seus protestos, porque o centro, que abriga a sede dos poderes, e está sob comando chavista, é território proibido para qualquer manifestação contrária ao governo. A maioria do grupo resistia à ideia de sair da Venezuela. De fato, a única daquele grupo que tinha ido embora procurando algo melhor era Marta. Casada e com uma filha pequena, ela deixou para trás seu apartamento no centro, na avenida Libertador — que era o nosso ponto de reunião obrigatório —, um carro, uma família e um trabalho, e foi recomeçar a vida nos Estados Unidos, com quase quarenta anos, fazendo entregas. Foi ela quem me ajudou a conseguir meu último emprego em Caracas. Nós duas éramos inseparáveis naqueles anos que ficaram gravados em nossa memória como os bons tempos, e aos quais regressamos com saudade sempre que conversamos pelo telefone, mais adultas e numa vida que uma década antes não imaginávamos que seria o curso natural das coisas. Nessas conversas, sempre bem-disposta, Marta não reclama por ganhar a vida dirigindo um caminhão de entregas por até dez horas diárias, e não como uma repórter sênior de política, o que era antes da debacle. A nostalgia só entra quando falamos da Venezuela que tínhamos, que já estava maltratada mas que não imaginávamos que chegaria a ser irrecuperável.

A última festa que dei em Caracas foi justamente na casa dela. Meu aniversário, meu casamento e minha despedida, tudo junto na nossa "Quinta La Esmeralda", como batizamos o salão de festas do edifício de Marta — que ficava a poucos metros da sede da petroleira PDVSA —, ironizando a verdadeira Quinta La Esmeralda, o luxuoso ponto predileto para comemorações da elite caraquenha. Agora que penso, aquela ironia era nosso pequeno rancor de classe.

Com a distância, a saudade vai e vem, você romantiza as lembranças e alimenta as ausências. A gente vive de histórias, e a afirmação de que todo tempo passado era melhor se torna mais verdadeira do que nunca. Seu esporte favorito passa a ser lembrar. Um dia eu comentava essa nostalgia constante com minha única amiga, dentre os mais próximos, que não saiu do país nem tem planos de sair e que, por isso, ficou com a responsabilidade de "apagar a luz".

"Você não tem saudade disso aqui, tem saudade do que era e não é mais. Segue a sua vida e vai em frente, que aqui não tem mais nada o que procurar", disse-me ela com seu sotaque do centro de Caracas, um sotaque que se sente como uma bofetada de pragmatismo.

Eu insistia em reviver coisas que estavam mortas. Paradoxalmente, os bares e restaurantes de ricos, aqueles que antes também não podíamos frequentar porque nunca fomos ricos, continuavam funcionando em varandas de prédios e nas ruas do leste da cidade. Na Venezuela continuavam existindo várias Venezuelas. A crise, longe de nos igualar, nos distanciava ainda mais. Quem tinha acesso a dólares e quem não tinha, nisso se transformara a nova Venezuela, a pátria revolucionária que Chávez havia criado ao transformá-la num país cheio de gente com pequenos poderes: o policial reprimia porque podia, o militar da guarita amedrontava porque podia, quem conseguia comida — subvencionada ou não — revendia pelo preço que queria, quem tinha acesso a remédios cobrava por eles em dólares. Quem tinha alguma coisa ou alguma vantagem a usava para controlar e oprimir quem não tinha.

Nessa viagem decidi pela primeira vez levar comida e produtos de higiene e limpeza. Na bolsa de mão coloquei minhas roupas, deixando as malas para transportar tudo o que coubesse. Uma delas ia cheia de papel higiênico. Nas outras, sabão, pasta de dentes, feijão, arroz, enlatados, açúcar, macarrão, analgésicos, vitaminas, proteínas e alguma roupa eram parte do tesouro que tentei proteger com cadeados, porque tinha medo de ser roubada no aeroporto de Caracas, um aeroporto tão deteriorado que em seus corredores não havia onde sentar e poucas lojas de alimentação funcionavam com umas poucas empanadas com mais farinha que recheio — algumas já cobravam em dólares, e seus funcionários ofereciam trocar "os verdes" pela taxa do mercado paralelo, enquanto o guichê de câmbio definhava sem um único cliente.

Despachar as malas para seguir viagem até Maracaibo me deixava apavorada, porque eu não queria ser roubada em um dos dois aeroportos, mas não havia alternativa. Sentia que as pessoas olhavam para nós de um jeito diferente. Podia ser simples paranoia, mas via as pessoas se transformando em caçadores ágeis que iam se apoderar do que eu levava para minha mãe. Como conseguir comida já era a principal obsessão naquela altura do campeonato, em outro exercício estéril, eu me perguntava o que meu pai diria se tivesse que ficar numa fila para comprar arroz racionado naquele próspero Caribe onde se refugiou tentando escapar de uma Europa em ruínas. Andrés, que meses antes tivera que trabalhar durante várias semanas na fronteira, me contou que o tráfico de comida tinha substituído o de drogas, porque era mais lucrativo. Minha mãe, que havia insistido tanto para continuar comprando mantimentos nos mercados do governo, estava mais cansada e mais frustrada. Começava a ceder e a aceitar o privilégio que era ter uma filha fora do país que podia trazer oitenta quilos de coisas de uma vez ou dar-lhe três ou quatro vezes o que ela ganhava por mês trocando dólares para que comprasse ovos, laticínios ou frango no mercado ilegal.

Eu não fazia mais contas. Já não sabia o que era barato ou o que era caro, só queria uma coisa, que minha mãe tivesse comida na geladeira e o necessário na despensa. É muito chato falar só de comida, mas essa era a nossa situação. Estávamos perto do Natal, e eu só não percorri a cidade em busca de um pernil porque minha mãe disse que não queria comer porco, como tradicionalmente fazíamos. Assumi a casa e dei folga a Luz, que falava em pedir demissão pela enésima vez. Como nessa época eu não estava trabalhando e minhas economias praticamente se extinguiram na cirurgia da minha mãe, pedi ajuda a Jesús para aumentar de novo o salário dela e ganhar tempo. Minha mãe não concordava em melhorar o salário de Luz se o dela era o mesmo. Era difícil convencê-la de que pouco importava se suas aposentadorias não aumentavam, o importante era que só contávamos com Luz, e perdê-la era impensável. Minha mãe tinha cada vez mais dificuldade para entender a lógica que o país havia adquirido, ela preferia fechar os olhos, se aferrando a um manual de regras que não existia mais.

Apesar de ter levado tudo o que podia, ainda percorri os mercados para estocar mais comida. Uma tarde, estávamos na sala conversando e tomando café, como sempre fazíamos, quando meu então marido, que viajou comigo, gritou "ovos", apontando para a rua. Tinha visto alguém passar com uma cartela de ovos nas mãos, e eu fiquei impressionada com a sua reação pavloviana e envergonhada por não ter visto os ovos antes. Mas não tinha tempo para pensar, saí correndo atrás do dono dos ovos para perguntar onde tinha conseguido. Voltei para casa com duas cartelas, um vizinho da rua os estava vendendo. Nesse Natal teríamos *torta tres leches*.

Meus pais adoravam ouvir música, nossa casa só ficava em silêncio quando as dores de mamãe se intensificavam. Naqueles dias natalinos, ouvíamos a Billo's Caracas Boys, uma orquestra de música caribenha que na infância dela lançava um sucesso depois do outro e que, por marcar sua geração e a dos meus tios, era a trilha sonora de todas as festas familiares, especialmente no Natal. Aprendi geografia, política e até literatura graças ao repertório dessa orquestra, cujas letras percorriam cidades, paragens e episódios do Caribe. Quando eu era criança, associava suas canções melódicas e curtas a alegria e festa, mas agora é impossível ouvi-las sem chorar. Eu as conheço tanto que basta um acorde para que venha a imagem da minha mãe dançando na sala ou no pátio da casa de algum parente e meu pai balançando uma cuba--libre na mão, desdenhando o uísque que meus tios esbanjavam, mesmo que fôssemos pobres.

Naquele Réveillon de 2015, minha mãe não dançava mais e faltava uísque nas festas dos Leal, minha família materna. Nós nos reunimos na casa do meu tio Darío, o irmão caçula de minha mãe, que agora estava mais magro e tinha menos mobilidade, por causa das mesmas doenças que afligiam havia décadas a vida da irmã.

Foi uma festa mais austera, com menos gente e menos alegria. Minha mãe quase não foi, com medo de que fôssemos assaltados na volta, mas eu a convenci argumentando que, morando tão longe, precisava desesperadamente me sentir parte de alguma coisa e estar cercada de gente que de fato me conhecia, a minha família de verdade. Jesús telefonou do Panamá pouco antes da meia-noite, porque não importa a distância ou o passado, para nós era difícil conceber um Ano-Novo sem nos abraçarmos com uvas na mão e ouvindo no rádio "Faltan cinco pa'las doce", canção que fala de um homem que, na virada do ano, precisa correr para casa e abraçar a mãe. Não sei se é coisa da Venezuela ou dos Leal, mas para mim o dia 31 de dezembro tinha outro significado com minha mãe e minha família. Sem eles, o Réveillon seria apenas uma festa como as outras.

Naquele ano, os meus primos engenheiros pareciam menos entusiasmados. A incerteza conseguira adentrar até as casas da família que tinham maior estabilidade financeira. Nossa galinha dos ovos de ouro, a petroleira PDVSA, não era mais a mesma, contavam meus primos. Durante seus anos de governo, Chávez não tinha sido inovador nem criativo ao utilizar o dinheiro do petróleo para cimentar o seu projeto político e sustentar sua relação com o eleitorado, mas o que fez de diferente foi negligenciar a empresa em torno da qual a nossa economia girava, nos mantendo numa situação privilegiada durante anos, e que agora, em tempos de vacas magras, definhava como o resto do país. Quando o Comandante assumiu o poder, em 1999, o preço do petróleo era de aproximadamente onze dólares por barril. Em 2012, esse valor tinha se multiplicado, superando os cem dólares por barril. Mas o esbanjamento, tal como a bonança, foi sem precedentes. Nem sequer a PDVSA, que havia financiado mais de uma década de revolução, estava protegida da debacle.

A PDVSA era uma estatal, mas funcionava com regras próprias. Frequentemente a chamavam de "um Estado dentro do Estado". No começo do seu governo, Chávez exerceu o controle político sobre a petroleira nomeando diretores que eram leais a ele, sem se importar se tinham ou não experiência na área. Os atritos entre o poder Executivo e a estatal explodiram num golpe de Estado, e depois numa greve nacional na empresa que durou quase três meses. Mas o Comandante venceu a queda de braço. Com o controle da estatal, o presidente demitiu 18 mil funcionários, incluindo engenheiros e pessoal qualificado. A unidade de tecnologia foi uma das mais afetadas, sendo severamente castigada por ter sido o coração da greve.

As mudanças afetaram o funcionamento da petroleira e seu controle operacional. Ao mesmo tempo, o controle político alterou a dinâmica da empresa, que antes precisava se submeter a auditorias e seguir os caminhos formais para o repasse de recursos. Quando o boom petroleiro começou, em 2004, Chávez era o grande dono da PDVSA e podia administrar a renda do petróleo como bem entendesse. Os orçamentos anuais eram baseados num preço do barril inferior ao estipulado no momento, de forma que o repasse aos municípios e estados era limitado, e o Executivo nacional ficava com uma porcentagem alta de petrodólares para usar sem qualquer tipo de fiscalização. O dinheiro era movimentado por intermédio de fundos e destinado aos programas sociais que Chávez criava, de maneira improvisada e sem estrutura constitucional. Transformada numa espécie de agência social, o foco da PDVSA mudou. Em vez de se dedicar à exploração, extração, produção ou refino do petróleo, estava focada em desenvolver iniciativas sociais, inclusive fora da Venezuela.

Em 2014, numa visita a Washington, fui a uma loja de roupas e lá um funcionário da segurança, notando meu sotaque, me perguntou de onde eu era. Quando respondi "Venezuela", o homem abriu um sorriso emocionado. "Chávez", disse, levando a mão ao peito. O homem me explicou que era do Brooklyn e que ele e sua família não podiam esquecer como alguns anos antes aquele presidente de um país chamado Venezuela generosamente lhes havia doado combustível para a calefação. "Casa de ferreiro, espeto de pau", diria minha mãe quando lhe contei sobre aquelas doações dos anos do boom. Nessa mesma época, para ser mais precisa entre 2003 e 2008, segundo dados da PDVSA divulgados pela imprensa nacional, a estatal desembolsou mais de 23 bilhões de dólares em gastos sociais.

Sendo esse o foco principal, também foi nesses anos, quando o Estado recebeu mais dinheiro, que os projetos de investimento de base foram atrasados, a despesa de manutenção caiu e os custos operacionais duplicaram, crescendo ainda mais quando somados aos gastos sociais. Relatórios da PDVSA, também divulgados pelos meios de comunicação, apontam que os custos operacionais, incluindo os da ação social, passaram de 32 dólares por barril em 2001 para 101 dólares em 2008.

Além do golpe econômico e da reestruturação de pessoal favorecendo critérios políticos, a PDVSA também teve que começar a sacrificar suas exportações para cobrir a demanda interna de gasolina, que havia aumentado justamente com a expansão do consumo durante os anos do boom do petróleo. O preço, no entanto, caíra mais de 70% em termos reais na primeira década de Chávez, que se negava a aumentar para não despertar o fantasma do Caracazo.

Em paralelo, as medidas econômicas no país eram uma sucessão de erros. As primeiras estatizações levaram a distorções que Chávez tentou corrigir com mais estatizações, o que foi desestruturando a cadeia produtiva e o setor privado, enquanto o peso do Estado crescia. Os recursos do petróleo lhe permitiam cobrir as necessidades, e as importações aumentaram vertiginosamente durante os anos de alta dos preços do óleo. O tabelamento de preços e de câmbio, imposto para evitar a fuga de capitais depois da greve petroleira que terminou em 2003, desferiu uma estocada mortal no setor privado. Para conseguir dólares para importação e compra de matérias-primas, era necessário passar pelo Estado ou apelar para o mercado clandestino nascido das limitações. A corrupção disparou com esses processos, e a falta de transparência e de garantias legais afugentou o que ainda restava do empresariado. Chávez financiou seu projeto político dentro e fora do país com os recursos do petróleo, e quando os preços caíram, primeiro em 2009 e depois a partir de 2011, a Venezuela, sem um setor privado sólido, dependia basicamente dos petrodólares para financiar tudo, de gasolina e serviços a comida. O problema é que não era só o petróleo que estava afundando, a PDVSA também.

Falhas nos sistemas, falta de manutenção nos equipamentos, quedas drásticas na produção e ausência de controle eram apenas alguns dos problemas que se agravaram durante os anos da administração Maduro. Meus primos me contavam histórias incríveis de piratas entrando no lago de Maracaibo para assaltar os funcionários nas torres de petróleo, que foram sendo abandonadas devido à falta de segurança. O descontrole era tamanho que dava no mesmo trabalhar ou não. O coração da economia venezuelana havia parado, e o governo decidiu se concentrar publicamente em procurar inimigos internos, como a suposta "guerra econômica" da oposição, e externos, como as sanções americanas que vieram depois da crise. A escassez tinha começado em 2008, quando tomar um café com leite já era um luxo. Esses dois produtos, junto com o açúcar, foram os primeiros a sumir das prateleiras. A partir de então, a economia do país foi se arrastando até entrar em colapso. Naquele Réveillon, nós brindamos em volta de uma mesa privilegiada, mas era evidente que minha família estava, assim como o país, sucumbindo. O "por ora" e o "enquanto isso", que segundo o falecido dramaturgo José Ignacio Cabrujas regiam a Venezuela, estavam mais latentes. Por ora tínhamos comida para a semana. Enquanto isso íamos tocando o barco.

Naquele janeiro de 2016, minha mãe e eu nos despedimos mais uma vez porque eu tinha que voltar para os Estados Unidos. Escorreram as mesmas lágrimas e eu experimentei o mesmo frio no peito que eu sentia toda vez que chegava a hora de partir. Sentia o mesmo arrependimento misturado com culpa por voltar para a minha vida sem ladrões ou escassez, enquanto minha mãe, com setenta anos, tinha que ser mais resiliente do que nunca.

Pouco depois da minha partida, minha mãe me telefonou muito nervosa. Meu tio Darío, com quem tínhamos acabado de passar o Réveillon, fora hospitalizado às pressas. Meu tio era menos disciplinado que minha mãe para cuidar da saúde. O peso da síndrome de Sjögren e da artrite que ambos sofriam não era pequeno. Depois de algumas semanas internado, ele acabou falecendo. A morte dele abateu minha mãe. Não só porque era seu irmão, a quem ela amava muito, mas também porque era mais jovem, e sua morte significava, para ela, que a sua seria a próxima, já estava vivendo "além do tempo". Minha mãe tinha medo da morte. Demorei para descobrir isso, porque era ela quem me tranquilizava quando eu, a troco de nada, começava a chorar apavorada porque um dia não estaríamos mais aqui.

"Filha, não pense nisso, não seja boba", dizia, sorrindo.

Mas ela pensava nisso com mais frequência. E agora era eu quem tentava tranquilizá-la.

"Mãe, não pense nisso, não seja boba", dizia eu, fingindo uma calma que não tinha quando o assunto era a morte.

Eu temia que minha mãe pudesse sucumbir à tristeza por ter perdido o irmão caçula e se perceber, mais do que nunca, mortal. Nessa época eu estava muito cansada. O tempo passava e eu tinha a sensação de que corria e não chegava a lugar nenhum. Estava exausta. Não importava o que fizesse, ninguém me tirava da cabeça que eu estava em falta com a minha mãe, embora da boca para fora tentasse me justificar mediante a condescendência dos meus interlocutores, que sempre me diziam: "Você fez tudo o que pôde". Mas eu não me sentia assim.

Em paralelo, eu vivia meu próprio episódio de justiça social revolucionária ao ser ameaçada pela inquilina que tinha alugado meu apartamento quando eu saí da Venezuela, cinco anos antes. Essa mulher, que em suas redes sociais clamava pelo "fim do regime", não apenas se negou a aceitar qualquer reajuste como também parou de atender meus telefonemas e responder meus e-mails — afinal de contas, eu era uma oligarca e não tinha direitos, conforme determinava a lei do Estado sem lei. Vez por outra eu conversava e pedia ajuda aos meus amigos, todos eles mergulhados em suas próprias tragédias e sem poder fazer muita coisa. "Se nós formos à superintendência e eles souberem que você não está na Venezuela, algum funcionário tira a inquilina de lá, mas para ficar ele mesmo com o apartamento", me advertiu um amigo. Então eu desistia e deixava passar mais algum tempo. Quando voltava ao assunto, era só para voltar a bater de cara contra a mesma parede.

Desde que saí da Venezuela, acho que não houve uma época em que a angústia não contaminasse os meus dias, nem que fosse um pouco. Ansiosa por natureza, eu examinava tudo mil vezes e queria respostas e planos para cada aresta da minha vida. Aqueles meses de 2016 não foram diferentes. Eu vivia na lógica venezuelana por intermédio da minha mãe, não tinha um emprego me esperando no Brasil, para onde logo voltaríamos após a temporada nos Estados Unidos, e a minha frustração emocional crescia com um casamento que parecia definhar. Eu sofria por antecipação. E era um sofrimento em dobro, porque apesar de real, parecia absurdo, já que eu tinha comida na mesa — frutas orgânicas, carne e frango certificados —, e eu me condenava por isso. Que direito eu tinha de reclamar?

Ainda em 2016, em meio a tudo isso, chegou uma boa notícia: uma distribuidora da fábrica na região central do país tinha uma bateria para a cadeira de rodas motorizada. Numa operação logística que envolveu vários motoristas percorrendo mais de mil quilômetros, conseguimos fazer a bateria chegar à casa de minha mãe, e ela pôde finalmente começar a usar a cadeira que estava guardada havia meses. Embora não saísse com ela na rua, por medo de que a roubassem, a cadeira mudou bastante a vida dela dentro de casa ao lhe oferecer uma autonomia nova, e deixava Luz livre de combinar os trabalhos domésticos com a exaustiva tarefa de levar minha mãe de um lado para outro, o que não a deixava descansar.

Em Maracaibo, os deslocamentos eram cada vez mais complicados porque o transporte público, obsoleto e reduzido a uns poucos ônibus e vans enferrujados, não era uma opção. Os táxis, assim como a comida, escasseavam ainda mais do que antes. Ainda tínhamos a gasolina "mais barata do mundo", mas a situação econômica era tão dramática que, em fevereiro de 2016, Maduro fez o impensável, numa tentativa ingênua de dar algum oxigênio à economia: subiu o preço do combustível. Foi o primeiro aumento de toda a era chavista, o primeiro em duas décadas. O litro de gasolina de baixa octanagem passou de 0,07 bolívar para um bolívar, de modo que um tanque pequeno passava a custar quarenta bolívares — ou seis dólares, tomando como referência o câmbio oficial estacionado em 6,3 bolívares. A conversão pela taxa no mercado clandestino, que regia de fato o mercado, era mais complicada. No dia do aumento, um dólar era vendido pelos cambistas por 1060 bolívares. Esse aumento ridículo e defasado nada podia fazer para organizar as contas do Estado. Também não repercutia no bolso do setor de transporte público, que estava à míngua por causa da dificuldade logística e econômica de adquirir peças e outras coisas essenciais, como pneus e baterias, e de renovar a frota.

O pico da produção e da venda de veículos na Venezuela durante a era chavista ocorreu em 2007, quando o governo tinha um programa de subvenção que isentava de impostos a compra de alguns modelos. Naquele ano foram vendidos quase 500 mil veículos novos, e 170 mil unidades foram montadas. Mas, como muitos outros indicadores sociais e econômicos, esses números começaram a cair nos anos seguintes. Em 2015, por exemplo, foram produzidos 18 300 veículos, segundo números da Câmara Automotriz Venezuelana, e foram vendidas pouco mais de 17 mil unidades. Dificuldades legais, falta de divisas para importar peças e redução do poder de compra foram alguns dos motivos que levaram ao fechamento de concessionárias, à diminuição drástica da produção das montadoras e à saída do país de vários fabricantes.

Quando era preciso trocar uma peça, conseguir uma nova era caro e difícil. A disparidade era tanta que o preço podia ser superior ao que o próprio carro tinha custado poucos anos antes. Dessa forma, o país que até então comprava veículos sem parar, já que a gasolina não era um problema, começou a ver suas frotas paralisadas. Teve quem passasse a vender as peças dos seus automóveis para ganhar algum dinheiro. A carcaça, comercializada como sucata, também se tornou um negócio.

Com menos opções, já tinha se tornado normal que minha mãe percorresse, na cadeira de rodas empurrada por Luz, distâncias cada vez maiores pelas calçadas sujas e intransitáveis da cidade, a cuja decadência as pessoas pareciam ter se resignado.

Luz era miúda, mas tinha braços fortes, desses braços maciços com veias saltadas. Sem reclamar, obedecia a cada uma das muitas ordens que minha mãe lhe dava diariamente. Numa tentativa de driblar o sol implacável de Maracaibo, essa cidade onde minha mãe estava tão decidida a continuar vivendo, um guarda-chuva foi encaixado no encosto da cadeira, para ter sombra quando do saíssem. Usando óculos escuros enormes e um chapéu-panamá que eu lhe dei, minha mãe, que apenas cinco anos antes dirigia o seu sedã com bancos de couro e telefone via satélite, agora saía naquele trambolho de metal, empurrado pela sempre silenciosa Luz através de ruas quase desertas. A imagem era como um quadro colonial distópico.

Essas expedições para comprar comida me mortificavam, e decidi buscar alternativas. Ainda morando nos Estados Unidos, um amigo comentou comigo sobre a possibilidade de despachar alguns produtos de navio. A proximidade entre os dois países possibilitara a existência de um próspero serviço de transporte marítimo. O esquema consistia em comprar as coisas pela internet e arrumar de forma que entrassem na menor quantidade possível de caixas. Ia tudo para um porto em Miami, de onde mais tarde sairia de navio rumo a Maracaibo, percurso que levava entre duas e três semanas. Enviei as primeiras duas caixas convencida de que não ia dar certo, afinal de contas eu tinha sido criada no país da desconfiança. Quando minha mãe me ligou para contar que tinham chegado à sua casa duas caixas cheias de mantimentos e remédios, fiquei emocionada, como se tivesse descoberto uma fórmula mágica. Com essa alternativa para produtos secos, Luz podia se encarregar de comprar só as coisas que eu não podia mandar, como frango ou queijo.

Os remédios eram um desafio extra, porque vários dos que mamãe tomava só eram vendidos com receita. As farmácias preenchiam suas prateleiras vazias com guloseimas ou outros produtos que, fora da lista de itens básicos a preço tabelado, podiam ser comercializados por qualquer valor. Era uma forma de se reinventar e evitar o fechamento das portas, apesar da falta de medicamentos. Algumas farmácias chegavam a adquirir esporadicamente caixas de mantimentos básicos, vendidos em segundos a preços tabelados.

Natalie era uma ex-namorada de Jesús que, apesar da desilusão amorosa, continuou próxima a minha mãe. Ela começou a nos ajudar a conseguir corticoides por intermédio de uma prima dela que viajava para a fronteira com a Colômbia.

Parece fácil, mas não dá para explicar quanto desgaste emocional e quanta energia eram precisos para resolver a mais ínfima questão. Passávamos horas ao telefone discutindo cada ponto. A tarefa mais rotineira se tornava titânica, e minha mãe não facilitava nada. Era injusto de minha parte lhe pedir mais paciência ou reclamar da sua intransigência, mas eu reclamava. Minha mãe não entendia que, devido à escassez, quando conseguíamos os seus corticoides indispensáveis, tínhamos que comprar a maior quantidade possível de caixas pelo preço que fosse, porque não sabíamos quando teríamos a sorte de conseguir de novo.

"Está muito caro, encomendei uma caixa só", ela me dizia.

"Mas, mãe, você tem que aproveitar a oportunidade, compra tudo, seis, oito, quantas caixas houver", respondia eu, tentando demonstrar uma falsa paciência.

"Mas como você pensa que vou pagar tudo isso? Além do mais, ontem me disseram um preço e hoje era outro, achei estranho", soltava ela, deixando implícita sua desconfiança quanto à negociação.

Eu não me importava se estavam nos cobrando a mais ou se a intermediária recebia uma comissão por fora, só queria ter um problema a menos, pelo preço que fosse. Essa era uma discussão constante, e quando eu não conseguia fazê-la entender o que eu considerava "certo" e me zangava, acabávamos brigando e batendo o telefone. Eu ligava de novo, arrependida, ela não atendia, ofendida, e eu me sentia ainda mais culpada, pensando que ela podia não estar atendendo porque havia acontecido "alguma coisa", não apenas por estar irritada. Assim, eu ligava sem parar, até que ela atendesse.

"Não quero falar com você agora", dizia furiosa e desligava.

Eu ficava tranquila por alguns segundos, porque nada grave havia acontecido. Mas depois chorava de frustração, pois, mais uma vez, tinha brigado com minha mãe a troco de nada, por causa do preço dos remédios ou da quantidade de caixas que ela deveria comprar. Nossa relação era conflituosa demais para resistir à Venezuela. Esgotada, temendo que minha mãe pudesse ficar sem os corticoides que aliviavam sua dor, escrevi à ex-namorada do meu irmão, pedindo que comprasse todas as caixas disponíveis e fizesse minha mãe pensar que haviam sido adquiridas por um preço menor. Eu pagaria a diferença sem ela saber.

Minha mãe se sentia cada vez mais envelhecida, incapacitada, solitária e dependente. Eu me dividia entre as minhas próprias questões e em fazer funcionar nosso sistema de panos quentes, que improvisava soluções para problemas que também surgiam de improviso. Jesús não tomava conhecimento dessas coisas. Eu não pedia que ele resolvesse esse tipo de minúcias, porque sabia que não podia contar com ele para isso. Além do mais, eu não pensava no que ele estaria passando, e imagino que ele também assumia que comigo tudo ia muito bem. Eu não lhe perguntava se estava tudo bem, não sabia praticamente nada da vida dele. Fazia anos que não o via e não posso dizer que sentisse saudades.

5

Em 18 de fevereiro de 1983, temendo pelas reservas internacionais durante uma crise que eclodiu depois de um ciclo de bonança do petróleo, o governo do presidente Luis Herrera Campins aplicou um controle de divisas, estabelecendo três tipos de câmbio. A desvalorização abrupta do bolívar foi seguida pelo desabamento da próspera Venezuela. Quando as pessoas falavam da "sexta-feira negra" na minha infância, só faltava fazerem o sinal da cruz. Ficou gravado na memória nacional como um dia de luto. A coisa não ficou muito melhor depois disso, e nos dez anos seguintes só tivemos datas com conotação negativa.

Vinte anos depois, em fevereiro de 2003, também receando uma fuga de capitais, Chávez, então presidente, reviveu o fantasma e determinou um novo controle de divisas. O que devia ser uma medida transitória, teoricamente justificada pela proteção das reservas, se estendeu por quinze anos e possibilitou um sem-fim de estratégias de lucro ilícito. O bolívar, que ano após ano foi virando pó, chegou ao ponto de ter mais valor como papel que como dinheiro.

A inflação e a desvalorização foram aumentando, chegando a superar quatro pontos percentuais. Mas os indicadores econômicos e sociais vistos em números não eram tão escandalosos quanto o que eles realmente significavam na prática. Viver com inflação e desvalorização constantes num país onde quase tudo é importado significava viver num terror psicológico permanente, aceitar que não compensava trabalhar por um salário mínimo e que matematicamente não havia forma de sobreviver durante um mês com os mesmos recursos do mês anterior.

Não só o salário mínimo não valia nada como também não era possível recebê-lo e ir direto ao supermercado fazer compras antes que estivessem mais caras no dia seguinte. Os únicos produtos que podiam ser pagos com essa quantia eram os tabelados, vendidos nas lojas do Estado, abarrotadas e com filas, sempre com mais gente que comida. A inflação, que em 2016 era de 180,9% segundo números oficiais, foi atribuída à "guerra econômica" da oposição. No fim desse ano, o Fundo Monetário Internacional (FMI) informou um número quase três vezes maior. Com mais de 480% de inflação, o salário de um venezuelano se desvalorizava antes mesmo de chegar ao banco.

Nesse ano, minha mãe ia cada vez menos aos mercados do governo, já que era uma atividade inútil e ela recebia ajuda de fora. Mas claro que nem todo mundo tinha a mesma sorte. Uma pessoa aposentada ou pensionista, como minha mãe, só podia receber valores equivalentes a um salário mínimo. O governo inflava artificialmente os rendimentos somando tíquetes de alimentação, que só eram concedidos a quem estava na ativa. Esse benefício, previsto na lei desde o final dos anos 1980, era destinado a cobrir os gastos de alimentação diários de um trabalhador. Seu cálculo por dia girava entre 25% e 50% de uma unidade tributária e se pagava contabilizando os dias úteis. Tudo mudou a partir do final de 2015, quando seu valor subiu para 150% da unidade tributária e o cômputo total passou a considerar os trinta dias do mês, trabalhados ou não. A partir daí, foi se ajustando sucessivamente para inflar o salário. Em 2016, o valor dos tíquetes de alimentação aumentou duas vezes, o que significou dois aumentos tácitos do salário mínimo. A distorção era tal que a partir de então um trabalhador passava a receber pelos cestatickets, apelidados desde 2015 de "socialistas", um valor maior que o próprio salário mínimo, apesar de este também ter sido aumentado sucessivamente, numa tentativa ridícula de corrigir a inflação estratosférica. Na era revolucionária, a base do salário mínimo começou a aumentar até três vezes por ano, mas em 2016 o governo anunciaria quatro incrementos adicionais aos dois tácitos do bônus alimentar. Mesmo assim, o último desses aumentos, em novembro, só conseguiu elevar o valor total do salário mínimo a 58 dólares por mês pelo câmbio paralelo.

Mas isso era só para quem ainda estava no mercado de trabalho. A renda mensal de pessoas como minha mãe, aposentadas, não incluía os cestatickets socialistas. Em novembro de 2016, era de dezessete dólares, menos de um terço do que os na ativa recebiam. Assim, uma das parcelas mais vulneráveis da população, a das pessoas com mais de sessenta anos, não tinha acesso a serviços de saúde nem a dinheiro para algo tão básico quanto alimentação. As pessoas mais jovens, que ganhavam melhor devido aos bônus ou por trabalharem em empresas que pagavam salários mais altos, não tinham apenas mais dinheiro, mas também maior capacidade de aguentar horas numa fila e acompanhar o baile diário dos mercados, indo de um lado para outro todos os dias para arranjar comida. Os mercados estatais ofereciam desafios adicionais. Estabeleceu-se um rodízio entre os clientes baseado no algarismo final do documento de identidade, de maneira que cada pessoa podia ir um dia da semana em cada mercado, e ainda limitavam a quantidade de produtos ou obrigavam o público a comprar a comida em pacotes. Às vezes você só precisava de leite, mas a única forma de conseguir era comprando um saco com arroz, açúcar e feijão, que depois trocaria no escambo social ou revenderia na sua vizinhança.

Mas essa corrida pela comida tinha uma consequência natural na estrutura precária que restava no país. As crianças faltavam à escola para ficar na fila do mercado, e os adultos deixavam de trabalhar pelo mesmo motivo. Afinal de contas, se os integrantes de uma família tinham identidades com finais distintos, era possível ir ao mesmo mercado todos os dias com pessoas diferentes. Minha mãe não tinha que passar por isso graças aos carregamentos que eu enviava, mas recebia os impactos dessa paralisação nacional porque cada vez menos coisas funcionavam. Todo mundo estava nas filas procurando comida.

Em abril de 2016, o governo anunciou uma espécie de cesta básica popular que seria comercializada de casa em casa, o que, teoricamente, reduziria as filas nos mercados. Eram umas caixas pequenas dos Comitês Locais de Abastecimento e Produção, que se popularizaram como Claps, contendo alimentos básicos como arroz e farinha. A maioria dos produtos era importada, e o governo anunciou que usaria a estrutura comprovadamente ineficaz dos conselhos comunais criada durante a gestão de Hugo Chávez para a sua distribuição. Como todas as medidas revolucionárias, seria mais uma ação que jogava dinheiro fora e que beneficiava apenas quem estava na cadeia de execução do programa, essencialmente militares e empresários. A entrega deveria ser mensal, mas no primeiro ano o caminhão dos Claps só bateu na porta da minha mãe duas vezes. Ela me disse que o primeiro impulso foi xingá-los e não aceitar os produtos, mas depois pensou melhor e em ambas as vezes entregou a cesta para Luz, para que ela pudesse levar alguma coisa para casa.

A situação para a família de Luz em La Guajira estava muito pior, sua irmã considerava a ideia de ir trabalhar na Colômbia, onde faria a mesma coisa, mas receberia um salário que tinha algum valor. Quando minha mãe me contou isso, voltou a rondar minha cabeça o receio de perder Luz. Se nós não tínhamos conseguido nem mesmo alguém que cuidasse da minha mãe nos fins de semana, imagina como seria difícil substituir Luz. Minha mãe oscilava em relação a isso. Embora entendesse na maior parte do tempo que sem Luz estava perdida, às vezes, em sua indignação, ela seguia uma lógica impossível na Venezuela atual. Minha mãe questionava como eu queria aumentar constantemente o salário de Luz, enquanto os rendimentos dela continuavam iguais.

"Mas, mãe, você praticamente não usa o seu salário, quase tudo sai das transferências. Se não aumentarmos, ela vai embora", eu repetia. "Pois então pode ir, quero ver onde vai ser mais bem tratada do que aqui", respondia ela, ofendida. Era uma discussão recorrente, que costumava assumir um tom pessoal. "É que você só fica do lado dela", reclamava minha mãe.

Sim, eu ficava do lado de Luz porque sabia como minha mãe era difícil. Ela vivia insatisfeita, não havia forma de agradá-la. Ironicamente, ir ao mercado com minha mãe era uma das tarefas que mais me assustava, pois ela, com seu jeito amargo e arrogante, questionava as habilidades de todo mundo na hora de escolher frutas e verduras. Ninguém sabia escolher como ela um abacate ou um mamão, sua fruta favorita. Quando eu era criança, se minha mãe precisava de algo enquanto preparava o almoço do fim de semana, pedia a meu pai para ir ao mercado. Apesar de ter dois armazéns a poucos metros de distância da nossa casa, ela só nos deixava comprar ali coisas miúdas como fósforos. "Lá é muito caro, você acha que vou pagar tanto a mais que no mercado?", dizia, censurando com seu tom de voz a suposta pouca capacidade de economizar da filha criança. O custo da gasolina para o deslocamento não era contabilizado na equação, porque desde que tenho memória o combustível era praticamente de graça. Então, meu pai pegava as chaves da sua velha caminhonete e ia ao supermercado comprar tomates ou batatas. "Você chama isto de tomate?", minha mãe lhe dizia quando ele chegava com a sacola na mão.

Era com esses rompantes bruscos que Luz tinha paciência para lidar, coisa que nem mesmo eu, que era sua filha, aturava sem responder. Mesmo assim, minha mãe não conseguia aceitar que, considerando as limitações da Venezuela e da sua saúde precária, contar com a paciência de Luz não tinha preço.

Na Venezuela revolucionária, comida era um luxo, e portanto escolher frutas e legumes não era uma opção. O pessoal pegava o que havia e pagava o preço pedido. Eu temia que essas brigas rotineiras se somassem ao cansaço de Luz.

No final de 2016, Jesús, derrotado pela impossibilidade de obter um documento de trabalho no Panamá, decidiu voltar para a Venezuela, apenas para elaborar outro plano de fuga para o ano seguinte: o Chile. Quando ele voltou a Maracaibo, começamos a conversar mais do que antes, o que na verdade significava que eu falava que não sabia o que fazer e ele me escutava em silêncio, sem propor nada.

Luz, que todo sábado voltava para sua casa em La Guajira, começou a chegar cada vez mais tarde às segundas-feiras, até que se tornou comum que só aparecesse na terça-feira. Ela não tinha celular, e só havia telefone na casa de uma irmã. Portanto, ela nunca avisava que iria atrasar ou que não voltaria, e minha mãe, sem ter para quem ligar além dessa irmã, esperava horas até concluir que ela não viria. Minha mãe começou então a mencionar a presença de Luz no condicional: "Se Luz voltar vou lhe pedir que faça isso ou aquilo", me dizia volta e meia em um fim de semana. Eu imediatamente gritava: "Luz pediu demissão?", e ela me respondia com seu sarcasmo habitual: "É que agora só vem quando quer".

Luz se justificava dizendo que os ônibus estavam cada vez mais escassos. Outras vezes, dizia que estava doente, ou então que sua mãe é que estava doente. Eu preferia não perder tempo definindo se era mentira ou não. A situação não era fácil para ela. Quando Luz não aparecia, minha mãe me telefonava, sentada na beira da cama, reclamando que precisava tomar o café da manhã na hora certa. Luz deixava comida pronta para que minha mãe só tivesse que esquentar e pôr os pratos na pia da cozinha depois de comer no fim de semana, mas o menu da segunda-feira não estava incluído, pois ela já estaria de volta. Então, quando não aparecia, a primeira coisa a fazer era pôr a casa em funcionamento; a segunda, era definir um plano, porque se um dia Luz realmente não voltasse, precisávamos de uma saída. Mas definir um plano era em síntese conseguir outra pessoa, e as poucas que estavam disponíveis não eram de confiança ou não passavam pelo crivo de minha mãe. Eu não pressionava muito, porque tinha um medo infinito de pôr dentro de casa uma pessoa que a maltratasse. Vivia imaginando cenários trágicos, que nem passavam pela cabeça dela. Então, quase toda segunda-feira de manhã, com a ausência de Luz, voltávamos à estaca zero. Eu precisava improvisar pedindo ajuda a algum vizinho ou para minha ex-cunhada, até Luz chegar. Por mais simples que pareça, era uma operação complexa conseguir alguém que quebrasse o galho e acalmasse minha mãe oscilando entre raiva e lágrimas.

Ao mesmo tempo, eu tinha outras coisas a resolver. Sem trabalho no Brasil, decidi aceitar uma oferta de emprego no Uruguai, o que significaria voltar à ponte aérea entre meu então marido e mim. Foi uma das decisões mais amargas que tomei. Situações inesperadas estavam me levando a ficar longe até da pessoa pela qual tinha decidido deixar tudo e todos para trás. Até certo ponto, eu começava a sentir que não tinha mais controle sobre algumas coisas, ou que estava perdendo o rumo. Tentava me convencer de que era uma decisão que me daria estabilidade profissional e econômica, e que no futuro me compensaria, levando-me de volta para São Paulo. Mas se essa foi uma das despedidas mais tristes que já vivi, os meses seguintes seriam ainda mais. Minha mãe reprovou a minha decisão, prevendo que eu ia acabar sozinha.

"Você só pensa em trabalhar, isso não é tudo na vida, querida. O que eu não daria para ter o seu pai", me escreveu um dia.

Eu não pensava só em trabalhar, mas desde que saí de casa, o medo de não ter como me sustentar se instalou em mim. Pensava nas palavras de minha mãe enquanto olhava pela janela aquele interminável fim de inverno uruguaio, frio e triste, com uma ventania angustiante. Eu continuava reconfigurando meus planos apesar de ter aprendido, desde o dia em que saí da Venezuela, que não servem para nada. Pensava em meu pai e na sua aparente incapacidade de economizar e olhar para o futuro, e em minha mãe e na sua obsessão por guardar dinheiro para um futuro que não chegava. Eu estava cansada. Era isso, estava cansada de tentar. Afinal, fazia dois anos que vivia com as malas na mão, e mais tempo ainda que tentava construir uma casa e criar raízes. Eu ainda não sabia, mas eu só passaria sete meses no Uruguai, antes de voltar para São Paulo. Naquele momento, só pensava que estava em mais um país estranho, sozinha. "Não vou acabar sozinha, mãe. Já acabei sozinha", quase respondi a ela em uma mensagem que nunca enviei.

Solidão era uma coisa que a obcecava e, secretamente, a mim também. Ela começou a falar com mais frequência de meu pai e da saudade que sentia. Ficava entediada por só conviver com Luz. A única das suas irmãs que ainda estava na cidade não ia vê-la tanto como mamãe queria, e quando ia não ficava muito tempo. Só uma das vizinhas a visitava. Minha ex-cunhada Júlia e meu sobrinho adolescente moravam a três quilômetros de distância, mas ela quase não tinha tempo de ir lá. Enfermeira, Júlia dobrava turnos no hospital universitário para completar o dinheiro da quinzena. Ela estava separada de Jesús fazia quase uma década e tentava ser o mais autônoma possível, mas estava cada vez mais desprovida, como todo mundo. Apesar da rotina difícil que enfrentava, quando minha mãe tinha alguma emergência de saúde, era a primeira a aparecer.

Para alternar com a TV a cabo, minha mãe começou a matar o tempo vendo filmes no seu iPad graças à conta Netflix que nós duas compartilhávamos. Também se esforçou para aprender a falar inglês e fez um curso gratuito que o marido de uma amiga dava no YouTube. Praticava cuidadosamente num caderno e me enviava frases para eu corrigir. Quando estava de bom humor e com poucas dores, ela também cozinhava. Em seus momentos culinários, lamentava especialmente a escassez de comida e a falta dos utensílios de cozinha. Via programas de culinária na TV e se ressentia de não poder fazer quase nenhuma daquelas receitas por causa da falta de ingredientes. Eu comprava o que ela pedia: um grill, uma torradeira de arepas, uma batedeira, facas de cerâmica. Ela guardava tudo na despensa que tinha no quarto para não roubarem. Eu também enviava ingredientes como xarope de milho, que eu nunca soube para que servia, e seus adorados pistaches, para tentar mantê-la animada.

"Olha, *mamita*, fizemos pãezinhos doces para o lanche", me dizia, enviando junto ao e-mail uma foto de belos pães dourados e açucarados, que pareciam com os que ela nos comprava quando éramos crianças na padaria La Concordia, em San Cristóbal.

Quando estava bem-humorada, ouvia música e cantarolava. Sem poder mexer as pernas, minha mãe acompanhava o ritmo de forma limitada com os braços. "Filhinha, por que você não me dá suas pernas?", perguntava ela de vez em quando num tom de menina mimada, e eu dando risadas respondia: "Como assim, mãe!

Você quer me deixar na cadeira de rodas?". "Bem, é que eu danço melhor", ela ria.

Nesses momentos de bons ânimos, conversávamos pelo Face-Time, que substituiu o Skype depois que ela ganhou o iPad. Minha mãe tinha aprendido muito bem a navegar no mundo virtual. Sempre me enviava vídeos, textos e mensagens de voz por e-mail, Facebook, Twitter. Jesús lhe trouxe um smartphone quando voltou do Panamá e abriu para ela uma conta no Whatsapp, cujas funções básicas ela dominou em pouco tempo. Minha mãe só não dominava a sua paciência: ligava mil vezes, até que eu atendesse. Apesar dessa insistência, muitas ligações eram só para perguntar como se fazia para baixar filmes na Netflix ou como ela podia trocar a senha da sua conta bancária on-line.

Em meados de 2016, com a desvalorização galopando, começou a faltar moeda no país, e, assim, pagamentos por transferência bancária começaram a se popularizar. Alguns anos antes já havíamos aberto uma conta para que Luz pudesse receber seu salário, e minha mãe se esforçava para aprender a usar a plataforma bancária para não ter que depender de mim toda vez que precisasse fazer um pagamento. Mas não era fácil, não só porque não conseguia lembrar as senhas e os passos, como também porque o sistema do seu banco, estatal, caía toda hora. Nas lojas, a conexão também funcionava de forma intermitente, limitando as alternativas de pagamento e encarecendo os produtos, que ficavam mais caros de uma hora para outra.

Com a falta de moeda circulando, minha mãe era obrigada a ir pessoalmente receber suas aposentadorias nos bancos do Estado. As transferências que nós fazíamos eram virtuais, e ela podia usar esse dinheiro com os cartões de crédito ou fazendo transferências bancárias. Luz não sabia usar os caixas eletrônicos, e, com os limites diários, era mais vantajoso retirar o dinheiro no guichê do banco, numa única saída, que fazer várias viagens aos caixas eletrônicos, com o risco de que não estivessem funcionando.

Embora o governo insistisse em dizer que era vítima de uma guerra econômica e das sanções internacionais, as distorções que marcavam a economia venezuelana foram consequência das decisões da revolução, não de um império que estava tentando nos colonizar. O discurso nacionalista, de peito erguido e musicalizado pelo canto bravio do nosso hino nacional, era anedótico. Como Chávez tinha feito anos antes, Maduro brandia a sua espada patriótica contra inimigos externos que queriam se aproveitar das nossas riquezas. "Não passarão", exclamava Maduro. "A pátria de Bolívar", continuava em seus discursos sem carisma. Em contraste com a situação real das ruas, as palavras do presidente pareciam nada menos que um deboche. Aquele orgulho patriótico manifestado na televisão e nas redes sociais, enfeitado com o vermelho revolucionário ou com o tricolor nacional, era dissonante. "Que pátria nós temos se nem sequer podemos tirar com facilidade uma carteira de identidade?", perguntava minha mãe ao não conseguir renovar o seu documento mais básico.

"Não passarão" parecia uma piada de mau gosto. Quando eu ouvia aquela verborreia, me lembrava de uma história que li na revista *New Yorker* sobre um ex-presidiário. Argenis, que havia cumprido uma pena por homicídio e agora dividia seu tempo entre um centro para facilitar a reinserção social e assessorando a ministra das prisões, Íris Varela, explicou ao autor do texto, Jon Lee Anderson, que a cultura *malandra* se espalhara na Venezuela graças às prisões que um dia Chávez prometeu reformar. "Esse governo foi mais permissivo. A cultura *malandra* floresceu, e foi das prisões para as escolas, para as universidades e para as ruas. Tornou-se parte da cultura nacional", dizia.

Nós tínhamos problemas maiores que uma suposta invasão americana. O nosso desastre tinha o carimbo nacional.

Porém, ouvir Maduro exclamando "não passarão" também me lembrava meu pai. Não estávamos na sua Espanha nem nos anos em que ele, assim como muitos outros, arriscou a própria vida para defender suas convicções. Ele também tinha uma visão nacionalista e antiamericana. Os gringos para mim sempre foram gringos graças à influência dele, que também os chamava de ianques. Não apenas tinha as marcas das duas guerras de sua juventude, como também tomava as dores das vítimas das ditaduras latino-americanas. Ironicamente, foi no governo de um ditador, Pérez Jiménez, que ele obteve seu passaporte venezuelano. Meu pai, que aos domingos ouvia música folclórica das planícies e tomava rum enquanto cozinhava, me mostrava o mapa-múndi — achava fundamental que eu aprendesse a recitar as capitais e os países. Falava com ardor sobre a Guerra Fria e viu chocado a queda do muro de Berlim pela nossa televisão de catorze polegadas. Falou-me de Pinochet, de Trujillo, de Videla, de Viola e de Galtieri. Aos dez anos, vi com ele *A noite dos lápis*, um filme argentino que conta o cativeiro de sete jovens que participavam de protestos estudantis em 1976. Também me falava de Cuba e da utopia. Meu pai não só acreditava num mundo melhor como tinha de fato lutado por isso em duas cruentas guerras europeias, sempre coerente com as suas convicções. Eu, como sempre, o escutava com admiração. Ele tinha me ensinado a amar um país e um continente que não eram seus. Quase não falava da sua Espanha natal, que para mim era apenas mais um território no mapa que me fazia decorar. Suas marcas de hispanidade eram, além das paellas e as lulas *en su tinta*, ouvir discos de Raphael, junto com os do nosso Simón Díaz, e comprar presunto serrano e azeite de oliva, gostos não tão comuns na Maracaibo da minha infância.

Eu me perguntava de que lado ele estaria em tudo isso. Teria conseguido ver o lado autoritário de Chávez? Os últimos anos de meu pai não foram os mais duros da ressaca pós-petroleira, mas foram bastante dramáticos, marcados pelos golpes de Estado de 1992 e pelo impeachment de 1993. Lembro vagamente de minha mãe nessa época tentando convencê-lo a "retornar" para a Europa, mas não vi nenhum movimento efetivo de sua parte para tomar esse caminho. Com sua morte, passaram-se muitos anos até que o verbo "migrar" voltasse ao nosso vocabulário.

A década de 1990 foi desesperadora para o país. Em 1994, além da instabilidade política, dos problemas econômicos e do aumento da violência, uma crise bancária deixou milhões de pessoas com medo de perder o pouco dinheiro que tinham. A população estava farta da corrupção, que identificava como a causa principal das desgraças do país. Todos perderam a fé nos partidos e nos bancos. A violência foi tomando a tal ponto o nosso dia a dia que o nosso vocabulário, mesmo quando queríamos ser românticos, foi se contaminando com a agressão. Era comum que uma paquera começasse com algo como: "Que vontade de te sequestrar".

Nesse panorama sombrio, só os militares não estavam desmoralizados. Trancados nos quartéis havia tantos anos, sua presença nas ruas durante as tentativas de golpe foi vista como salvadora — por que não, eram os herdeiros do exército de Bolívar —, como tanto repetiria Chávez mais tarde. Mas para meu pai, os militares não eram salvadores, eram militares — ou ao menos era assim que eu tentava atribuir linhas de pensamento ao meu pai, que tinha morrido antes de tudo isso. Que tipo de situação era aquela, que me obrigava a pensar que lado assumiria um homem que já não podia escolher?

Em meados de 2017, Jesús fez suas malas de novo e partiu para o Chile. A filha de uma prima nossa tinha se mudado para Santiago alguns meses antes, assim como alguns conhecidos. Dizia-se que o Chile tinha uma economia sólida, oportunidades de emprego e facilidades para imigrantes. Jesús tentou convencer

Andrés, que não parava de reclamar do seu ínfimo salário como policial e das dificuldades para se sustentar com dois filhos pequenos que moravam com as respectivas mães, a ir também. Mas Andrés não ia embora. Ele reconhecia as dificuldades econômicas, não havia como fingir que a fome galopante não estava tomando o país, mas "eram sanções econômicas do império", claro. A ladainha revolucionária do meu irmão parecia não ter fim. Ele morava na casa modesta que conseguira construir num bairro de classe baixa, andava num carro de segunda mão e vivia se queixando de não ter isso ou aquilo, mas era incapaz de reconhecer as falhas do governo. No entanto, a desilusão foi se instalando e se espalhando de maneira progressiva, até que um dia ele desistiu.

"Vou-me embora do jeito que for, aqui não tem mais nada o que fazer."

6

"A Venezuela na verdade é o futuro", me disse um dia um amigo com quem eu trocava impressões sobre o país diariamente. Era sim, um futuro distópico daquele país que Chávez nos havia prometido duas décadas antes, quando, com a boina vermelha que o imortalizou depois do golpe de 4 de fevereiro de 1992, percorreu o país vendendo um projeto de saneamento do espectro partidário, uma nova política. Naquele tempo, o tenente-coronel da reserva, que tinha acabado de criar o Movimento v República para aglutinar a esquerda, não era o favorito nas eleições presidenciais de 1998. Um ano antes da disputa, o país simpatizava com Irene Sáez, uma ex-miss loura que tinha incursionado na política como prefeita de Chacao, um município da área metropolitana de Caracas, cuja população era principalmente das classes média e alta.

Um dos clichês mais comuns durante a cobertura daquela campanha era chamar a dupla de "a bela e a fera". Sáez tinha uma cabeleira dourada, leonina. Foi coroada Miss Universo em 1981. Com a beleza de uma barbie, ela representava o que a maioria das venezuelanas sonhava chegar a ser: uma rainha. Minha mãe, fanática pelo concurso Miss Venezuela, como todo o país, olhava para ela com admiração. O concurso era a nossa instituição mais sólida, junto com o beisebol e o petróleo. Praticamente todo mundo queria que sua filha, desde pequena, enveredasse pelo caminho do reinado da beleza. Era como se o país fosse incapaz de se ver num espelho. Para além da fama angariada com os vários tronos que conquistou, a maioria das venezuelanas não se parece com Sáez. Chávez, pelo contrário, era muito mais parecido com o rosto do país. Mas sua vitória só foi reconhecida como possível quando já era iminente, na reta final da campanha.

Jovem e enérgico, e quase imediatamente favorecido pela alta do petróleo, durante seu primeiro mandato ele conseguiu melhorar quase todos os índices do país. A revolução vivia numa festa. Mas entre os tempos em que Chávez empolgava as massas na avenida Bolívar de Caracas prometendo mundos e fundos e a Venezuela de 2017 havia passado um vendaval, que deixou o país em ruínas, vivendo o futuro sem futuro em que estávamos agora.

Tentando reeditar as fórmulas do seu antecessor, Maduro continuava lançando programas de assistência. Assim, entrou em cena o "carnê da pátria", um cartão que permitiria às pessoas se beneficiarem de bônus e ajudas governamentais. Minha mãe já havia deixado de ir aos supermercados do Estado e não quis se cadastrar. A oposição criticava esse documento porque o via como um mecanismo de controle e de partidarização do Estado, já que muitas das operações de registro se realizavam nos núcleos de base do Partido Socialista Unido da Venezuela (Psuv), que havia substituído o MVR em 2007 num movimento promovido por Chávez para absorver os partidos políticos que o tinham apoiado. Mas, para minha mãe, sua recusa era mais uma questão de orgulho. Ela sentia que se cadastrar seria aceitar "esmolas" do governo.

Saí do Uruguai em abril de 2017 porque consegui um emprego no Brasil, e na transição entre os dois países fui visitá-la. A primeira coisa que me chamou a atenção quando fui descarregar na garagem de casa as duas grandes malas de comida que havia levado foram as pilhas de caixas da Amazon, onde eu tinha comprado as coisas enviadas de navio. Ao entrar, como sempre fazia, me sentei na sala para conversar um pouco com minha mãe enquanto tomávamos um café. Num canto da cozinha, uma caixa de Clap, que empalidecia em tamanho ao lado daquelas que eu enviava a cada dois ou três meses.

"Comprei para a Luz, você sabe que por mim nem atenderia quando batem na porta", me disse num tom de voz irritado quando lhe perguntei sobre a caixinha.

Eu nunca tinha visto uma Clap, só nas notícias. Abri a caixa e não me pareceu uma compra equilibrada. Era como se tivessem colocado lá dentro as coisas que havia no momento. Algo como "os produtos da estação". Tinha vários quilos de macarrão, alguns pacotes de feijão e de farinha de milho, várias maioneses e um ketchup — mas nada de arroz ou leite.

Quase todos os produtos eram importados, e a caixa trazia estampados a assinatura e o rosto de Chávez, que Maduro tratava como "líder supremo", "comandante amado" e "líder eterno". Anos depois da morte de Chávez, Maduro continuava adulando-o publicamente e utilizando seu nome e sua imagem, como se quisesse convencer as pessoas de que era igual ao antecessor. Mas isso parecia ter o efeito contrário. A frustração era tão palpável nas ruas de Maracaibo que muita gente, antes chavista, tinha começado a odiar o falecido presidente graças a Maduro. Algumas pessoas ainda apoiavam o governo e adotavam o argumento das sanções internacionais como justificativa para o colapso. Mas, ainda que as sanções defendidas por alguns políticos opositores piorassem a situação, o estrago havia sido feito muito antes de a Venezuela começar a ser penalizada internacionalmente. Sobravam exemplos de péssima administração, incluindo a insólita descoberta, em 2010, de mais de 100 mil toneladas de alimentos que haviam apodrecido em depósitos estatais num momento em que a escassez era uma realidade. Portanto, justificar as ações do governo só podia acontecer por fanatismo, interesse econômico ou desconhecimento voluntário.

O que mais me impressionava era que, depois de quase vinte anos no poder, o governo continuava falando como se fosse o seu primeiro dia de mandato. Culpava a oposição e outros países pelo colapso econômico, ignorando as altas taxas de violência e fechando os olhos para o êxodo de venezuelanos, que começava a virar manchete internacional. No entanto, na linguagem revolucionária, tudo se explicava por fatores externos. O discurso do governo lembrava uma coluna do dramaturgo José Ignacio Cabrujas, que questionava em 1993 a passividade da administração do então prefeito de Caracas, Aristóbulo Istúriz, militante do partido operário La Causa R, cuja eleição, beneficiada pelos golpes de 1992, foi um marco relevante para a esquerda nacional. Em função da desastrosa situação política daquele momento, a eleição de Istúriz foi uma lufada de ar fresco para aqueles que, desencantados com o sistema, esperavam mudanças significativas. Ao completar o primeiro semestre de mandato, Istúriz prestou contas e se definiu como o novo piloto da cidade. "Nestes seis meses estivemos reparando o barco", disse. "A que hora vamos zarpar?", perguntou Cabrujas, que questionava o mandatário por assumir um cargo de governo sem ter um plano de ação. "Não me levem a mal, mas isso não é 'reparar o barco', é contemplar o barco", escreveu Cabrujas. Mais tarde, Istúriz iria integrar o gabinete de Chávez e, depois, o de Maduro. Dois governos que, conforme seus discursos, continuavam contemplando o barco chamado Venezuela.

A corrupção não era uma novidade no país, mas tinha se enraizado no nosso cotidiano a tal ponto que era impossível passar um dia sem compactuar com negociações paralelas. Era a única forma de comer. Mais que malandragem, a vida na Venezuela se tornara uma condição permanente de ilegalidade: tudo era feito pagando propinas, pedindo favores aos amigos, subornando pessoas ou recorrendo a cambistas e contrabandistas.

O dólar, cujo uso e câmbio teoricamente continuavam controlados pelo governo, começava a ganhar mais força como moeda para negócios maiores. Foi exatamente em dólares que Andrés, desesperado por dinheiro, aceitou vender sua casa alguns meses antes. Foi uma discussão na qual eu, que não interferia nas coisas dele, decidi entrar. A casa que ele tinha comprado estava no nome de nossa mãe, e a assinatura dela era necessária para fechar um negócio que, à distância, me parecia surreal. Um casal levou à casa da minha mãe um envelope com 5 mil dólares, o valor combinado, e em troca receberia as chaves, os documentos de propriedade e a assinatura dela num papel improvisado que garantia a titularidade. Sem registros, sem cartório, sem burocracia. "Aqui nada disso funciona mais", gritava meu irmão, quando eu lhe dizia que era necessário registrar o negócio e que aquilo era fraude. "Cinco mil dólares por uma casa? Estamos jogando banco imobiliário?", replicava eu, achando meu irmão idiota por topar um negócio desses.

Eu é que era idiota. Num ato extremo de ignorância, proibi minha mãe de assinar qualquer coisa, exigi advogados e briguei com meu irmão, com quem parei de falar por semanas. Lá estava eu, como qualquer outra gringa, tentando explicar a Venezuela para venezuelanos que moravam no país. A "venda", obviamente, aconteceu sem que eu soubesse.

"Você não entende como é isso", disse-me Andrés meses depois, quando visitei Maracaibo, mostrando-me um envelope com os poucos dólares que tinha reservado para sair do país por terra. Eu não podia acreditar que alguém entregaria a própria casa por tão pouco dinheiro. "Pois é melhor ele vender", disse minha mãe, "porque vão invadir de qualquer jeito quando ele for embora. E se alugar, na certa vai acontecer a mesma coisa que aconteceu com o seu apartamento. Melhor alguns dólares do que nada." Havia algo de verdade nisso. Meu apartamento era meu apenas no papel. Alguns anos antes, eu tinha decidido pagar uma parte do que restava da hipoteca para reduzir o número de prestações que faltavam para quitar o imóvel. Quando pedi o saldo, para minha surpresa, um funcionário do banco estatal que financiou a compra me disse que o total da dívida contraída mais de vinte anos antes equivalia a 25 dólares. As avaliações do sistema bancário estatal nunca foram corrigidas para acompanhar a inflação, e por isso os prejuízos, tanto em créditos como em operações, são milionários. Quitei toda a dívida com uma transferência, mas a desvalorização da moeda era tamanha que se tivesse esperado mais seis meses pagaria apenas um dólar. Minha mãe, como às vezes fazia, aproveitou a conversa imobiliária para perguntar sobre o meu apartamento. Eu lhe disse que estava tudo igual, e que tinha decidido seguir o conselho de um amigo, que, ouvindo sobre a minha frustração, me recomendou que não me preocupasse mais com o assunto. "Pensa que não existe mais Venezuela, nem Caracas, nem prédio."

Pela primeira vez, minha mãe demonstrou consideração e não me questionou mais sobre o assunto. Na verdade, dessa vez ela não só conservou o bom humor durante toda a minha estada como também foi um apoio importante, como havia muito tempo eu não tinha. Talvez tenha sido porque lhe contei que eu havia me divorciado quatro meses antes, mas de qualquer maneira retribuí seu carinho materno sendo uma filha paciente.

Para distraí-la em relação ao meu divórcio, sobre o qual eu não queria falar porque sabia que a fazia sofrer, contei que a inquilina do meu apartamento se negava a pagar ou a sair. Nem sequer atendia os meus telefonemas. Eu não tinha alternativa, não sabia o que fazer para tirar aquela mulher de lá. Não via esse apartamento desde 2010, quando assinei os papéis de compra. Minha mãe me aconselhou a lutar para conseguir o apartamento de volta, mas às vezes eu sentia que isso era algo muito distante. Tudo o que eu tinha agora era resultado do que havia conquistado depois de sair do país, e além disso as leis favoreciam os invasores, me deixando sem opções.

Conversei com Luz, e depois de mais um aumento de salário prometi a ela que encontraríamos alguém para trabalhar de sábado a segunda-feira, dando-lhe mais um dia de folga. Era uma promessa de político em campanha, porque eu não tinha a menor ideia de como fazer isso, mas em todo caso ganhei um pouco mais de tempo enquanto não me ocorria uma solução. Não havia condições de minha mãe ir para o Chile ficar com Jesús ou para o Brasil, comigo. Não só pela viagem, que com a sua saúde debilitada parecia uma odisseia, mas também porque não tínhamos como pagar alguém para acompanhá-la, um seguro-saúde fora da Venezuela ou um apartamento com as condições de que ela, impossibilitada de andar e quase sem força nos braços, necessitava.

Andrés disse que andou pensando em mudar para a casa da nossa mãe, mas que ela não queria. Era verdade. Minha mãe dizia que ele simplesmente não a ajudava, quase não era útil. "Prefiro ficar sozinha", concluía. Como eu conhecia o meu irmão, não a pressionava muito porque sabia que podia ser até pior. Minha mãe se negava mais uma vez a deixar sua casa, de maneira que eu ia embora com o mesmo desânimo de sempre. A essa altura, já estava claro que tudo estava piorando e que o nosso acordo com Luz podia terminar a qualquer momento. Eu me sentia como um cão perseguindo o próprio rabo. Todas as soluções eram temporárias e condicionais, o que me fazia sofrer por antecipação ao imaginar os possíveis cenários catastróficos. Podia ser consequência da minha ansiedade, mas levando em consideração os altos índices de violência, a piora dos serviços, a impossibilidade de encontrar alguém qualificado e confiável e a decadência das clínicas, paralisadas com a falta de pessoal e a escassez de remédios e equipamentos, não era difícil concluir que já estávamos num beco sem saída.

Jesús conseguiu um emprego como garçom no Chile, mas as condições para imigrar tinham se restringido ainda mais devido ao aumento de venezuelanos deixando o país. Durante os primeiros anos da crise, a migração era uma opção para a classe média, que investia o que tinha em passagens aéreas e em um novo começo, mas o desespero dos últimos meses gerou imagens sem precedentes de milhares de venezuelanos cruzando as fronteiras a pé com o que pudessem carregar nas mãos. Foi o caso de Andrés, que não tinha como pagar uma passagem de avião. Resolveu ir para o Chile porque Jesús estava lá, mas na prática Santiago era tão abstrata para ele como seria Tbilisi. Começamos a conversar por telefone depois que ele decidiu ir embora. Toda noite ele me propunha como destino uma cidade diferente. Para chegar ao Chile, meu irmão teria que atravessar três países, num percurso de mais de 7 mil quilômetros, e necessitaria de um passaporte. Ele nunca tinha pensado em viajar para fora da Venezuela, com exceção de algumas passagens pela fronteira com a Colômbia, quase obrigatórias para quem nasceu no lado ocidental do país. Um passaporte, portanto, nunca havia sido uma prioridade para ele. Porém, ao ver o seu salário de oficial no valor de 380 mil bolívares (74,50 dólares em maio de 2017, e 3,40 dólares sete meses depois) se dissolver, o passaporte virou uma obsessão.

Conseguir o documento na Venezuela era outra proeza épica. Meu irmão passou meses indo às repartições do serviço de identificação em várias cidades, recebendo sempre a mesma resposta: "Não há material". Falou com amigos, porque na Venezuela sempre é preciso ter um amigo que tenha um amigo para que as coisas aconteçam. Numa ocasião foi extorquido e em outra foi ludibriado por uma amiga de um amigo que cobrou o triplo do valor oficial do documento e não lhe entregou nada. O tempo médio de espera, segundo relatos de conhecidos, vai de oito meses a um ano, mas isso não é uma ciência exata. A falta de material para produzir as cadernetas se une à venda ilegal de passaportes, que os próprios funcionários públicos comercializam em dólares, e ao excesso de demanda, com milhares de venezuelanos querendo deixar o país e outros tantos que já vivem no exterior e precisam do documento de identidade.

É uma conta difícil de fazer, mas segundo números da Organização das Nações Unidas, 695 mil venezuelanos estavam fora do país no final de 2015. Nos anos seguintes, o fluxo migratório disparou, superando em 2019 os 4 milhões de pessoas, o que equivale a quase 14% da população nacional.

As pessoas saíam como podiam, de avião, de carro, de ônibus e até a pé. Destinos antes impensáveis como o Brasil eram cobiçados agora como promessas de futuro. Eu lia todas as histórias. Mesmo à distância, cobria como podia o que estava acontecendo na fronteira entre o Brasil e a Venezuela. Via imagens de gente cruzando a pé a ponte Simón Bolívar, que liga a Colômbia com a Venezuela e que no passado eu tinha atravessado tantas vezes para fazer compras com minha mãe. Ficava comovida não só porque tinha visto o colapso em câmera lenta, mas porque era uma privilegiada. Talvez por isso me envolvi mais na decisão de Andrés e tentei ajudá-lo como pude. Comecei a investigar como outras pessoas tinham feito o percurso que ele queria fazer. Havia muitos blogs escritos por venezuelanos contando suas experiências e dando dicas para sair do país da forma mais segura possível. Mas do que Andrés precisava mesmo era pagar on-line a emissão do documento. Parecia fácil, mas na Venezuela nada é. Era questão de ficar clicando num link intermitentemente até que um formulário de pagamento se abrisse. Passamos semanas nos revezando, minha mãe, ele e eu. Nada. Tentamos diferentes navegadores, conexões e horários. Especialmente de madrugada. Nada.

Chegou o Natal de 2017, e meu irmão continuava sem conseguir o documento. Nós estávamos mais próximos, e as coisas também se acalmaram entre ele e minha mãe, a tal ponto que os dois combinaram que ele ficaria alguns dias em sua casa para dar umas férias improvisadas a Luz. Foi, como sempre, uma decisão de última hora: é que a escassez de dinheiro vivo tinha se agravado tanto que não havia como dar cédulas a Luz para pagar suas passagens semanais a La Guajira. Não importa quanto ela ganhasse de salário ou quanto dinheiro depositássemos em sua conta bancária, sem dinheiro na mão não podia ir e vir.

Os serviços públicos falhavam com mais frequência, e os cortes de luz, que antes eram esporádicos, agora aconteciam quase todo dia, castigando uma das cidades mais quentes do país. Por isso, a internet e a telefonia celular também eram inconsistentes, assim como a linha do telefone fixo.

Na noite de véspera de Natal, liguei várias vezes para ela, mas ninguém atendeu. Minha mente ansiosa sempre viajava através do pior cenário e desenhava imagens de homens sem rosto a poucos metros dela, frágil e diminuta em sua cadeira vermelha. Essa interrupção cada vez mais constante dos serviços públicos tornava igualmente prováveis em termos estatísticos um assalto ou um "apagão".

Conversamos no dia seguinte, e minha mãe me contou que houvera um blecaute em pleno dia 24. Depois de jantar com ela,

Andrés foi visitar os filhos, mas ela preferiu ficar em casa, tinha medo de sair e, na volta, ser assaltada nas madrugadas agora desertas de Maracaibo.

Antes do Ano-Novo, recebi um telefonema de Andrés me contando emocionado que já estava tudo pronto para ele partir. Finalmente tinha conseguido fazer o pagamento, e o passaporte devia chegar a qualquer instante. Quando me ligou, com os olhos cheios d'água e a voz embargada, essa conquista parecia tão grande quanto os dois gols que o uruguaio Luis Suárez fez contra Inglaterra na Copa do Mundo de 2014, menos de um mês depois de passar por uma artroscopia: contra todas as previsões, ele estava de volta.

Minha mãe não reagiu imediatamente à partida do último filho e se concentrou nas notícias do momento. "A revolução do pernil", "Venezuelanos pedem comida no Natal", "Pelo menos 22 presos na noite de Natal por saques no Sul do país". Apesar de ela poder pagar o preço que pedissem pela comida graças aos dólares que eu e Jesús enviávamos para sua conta, não havia forma de aceitar a situação. Ela me contou que dois frangos custaram quase 600 mil bolívares antes do Natal, e que o mesmo produto saiu por mais de 700 mil bolívares dias depois.

O diálogo se repetia diariamente em relação aos ovos, ao pão, ao arroz ou ao leite. Não havia jeito de fazer minha mãe entender o significado de "inflação", pelo menos não de uma inflação que chegou a mais de 2000% em 2017, e que o FMI previa que seria de 13 000% em 2018. Ela não conseguia entender que o seu salário de professora aposentada, que no passado tinha sido garantia para uma casa, agora não dava para comprar dois frangos. Minha mãe, que sempre se gabava das suas estratégias econômicas para manter uma família depois de enviuvar, não conseguia desaprender a economizar. Ela não aceitava que precisava gastar o dinheiro assim que entrava, porque deixar no banco era queimá-lo. Sua natureza era essa, ela não podia evitar. Quando eu lhe transferia dinheiro, minha mãe guardava uma parte porque ficava angustiada deixando suas contas bancárias zeradas. Era uma angústia real, e então ela preferia mentir para mim para manter a sensação de solidez que ter uns números escritos no seu extrato bancário lhe proporcionava. Foi um esforço bíblico convencê-la a usar os cartões de crédito, os meus e os dela, para ganhar um pouco da inflação. "Não quero me endividar."

A desvalorização galopante da moeda a deixava ainda mais confusa. Ela, com 72 anos, sabia que o bolívar não tinha valor, mas se perdia em cálculos que requeriam cada vez mais zeros. Em 2010, pouco depois da minha saída do país, um dólar valia oito bolívares; sete anos depois, em junho de 2017, valia 7780 bolívares. Em dezembro desse mesmo ano, passou de 100 mil bolívares. A queda era tão vertiginosa que um ano depois o governo tirou cinco zeros da moeda e ainda assim o câmbio não demorou muito a alcançar novamente cinco dígitos. Nessas condições, quem tinha familiares fora do país levava uma vantagem sobre os que não tinham: podiam comer.

No Ano-Novo, Jesús me telefonou do Chile. Nos últimos meses, havíamos trocado algumas mensagens porque meu irmão tinha começado a usar o Whatsapp. "Olá, *mami!*", ele sempre cumprimentava desse jeito caribenho, que chama os outros de *mami* e *papi* sem distinção de parentesco ou consanguinidade. Mas nossas conversas eram parcas, quase sempre em torno de quanto dinheiro precisávamos mandar para nossa mãe. Ela me contou que Jesús, para economizar, estava dividindo um apartamento com um grupo grande de venezuelanos. Na distribuição de lugares, ficou com o sofá. Ia a pé para o trabalho na ida e na volta, uma hora cada trajeto, para não gastar com as passagens. Mesmo assim, Jesús falava sempre com entusiasmo. Estava a ponto de fazer 42 anos e me dava a impressão de ser o mesmo sujeito de vinte anos antes: tão entusiasta quanto improvisador, ele não conseguia parar quieto. Com seu estranho otimismo, seguia sendo incansável e determinado.

Conversamos sobre temas pessoais, e ficava claro que, apesar das distâncias emocionais e geográficas, a irmãzinha caçula ainda comovia Jesús. Minha nostalgia aumentou muito nesse momento, em que parecia que eu estava começando a recuperar minha família. Nos últimos meses, eles pareciam ter me perdoado por ganhar a vida escrevendo e não servindo mesas. Eu supunha que era porque tinham entendido que na emigração pode haver privilégios econômicos, mas não emocionais. Todos nós sofremos, estamos sozinhos e não podemos voltar para casa. Eu também tinha aprendido que a história daqueles imigrantes que tanto me comovia era a história dos meus próprios irmãos. Conversamos sobre a viagem de Andrés, e Jesús disse que o receberia, mas que, como sua condição era precária, ele teria que "chegar e se virar".

Trocamos votos de feliz Ano-Novo, acho que sem pensar muito no assunto, porque insistir em planejar alguma coisa naquele momento parecia um exercício estéril, desses com que eu costumava perder tempo divagando. Não comi uvas naquela noite. Não fiz nenhum pedido. Sozinha no meu apartamento em São Paulo, só agradeci por ter mais um 1º de janeiro, e eu estava decidida a não chorar nesse dia porque, embora as coisas não estivessem saindo de acordo com o plano, pelo menos estavam saindo.

Em Maracaibo, minha mãe estava zangada porque ficou mais uma vez sem eletricidade. Quando a luz voltou, a internet parou de funcionar. A linha telefônica também estava cortada. Descobrimos que era porque o preço da tarifa havia aumentado dez vezes de um dia para outro e a linha estava desativada por falta de pagamento. Quando finalmente conseguimos conversar, ela me disse que estava contente porque sua irmã Eva tinha lhe levado um cacho de bananas.

"Fazia semanas que eu não comia banana, minha irmã foi ao centro e trouxe."

"E você foi ao supermercado?", perguntei.

"Fui, mas não tinha nada. Não tem mais nada a semana inteira, as poucas coisas que chegam eles vendem para os funcionários ou para os que estão inscritos nos conselhos comunais."

"Você está em algum conselho comunal?", perguntei com desconfiança, porque sabia que minha mãe não queria se inscrever em nenhum programa governamental, e muito menos participar de alguma dessas associações de bairro que Chávez tinha criado anos antes, outra de suas organizações de base na tentativa de desenhar uma nova distribuição administrativa do país que sustentara seu projeto.

"Estou, mas no mercado não estão aceitando mais as associações, nós do meu conselho não podemos comprar nada. De qualquer maneira, o vigia me disse que domingo vai chegar alguma coisa para venda geral, que é para ir cedo."

Seguindo a recomendação do vigia, no domingo minha mãe se dirigiu cedo ao supermercado com Andrés. Eram sete e meia e já havia fila, aparentemente ela não era a única que sabia. De tarde, minha mãe me contou os detalhes da aventura numa videoconferência.

"Iam deixar entrar os velhinhos primeiro, mas quando abriram as portas todo mundo entrou. Fiquei assustada, pensei que iam quebrar minhas pernas."

"Deixaram entrar todo mundo ao mesmo tempo?"

"Não existe ordem, minha filha, todo mundo quer comida. Não havia militares lá, como é que iam fazer?"

"E compraram alguma coisa?"

"Compramos", sorriu com uma expressão de menina mimada. "Dois quilos de farinha, uma pasta de dentes e uma manteiga."

Com a iminência da viagem, Andrés foi com sua ex-esposa e um dos meninos a Caracas para renovar os documentos pessoais antes de sair do país. Por terra, eram quase setecentos quilômetros, os mesmos que anos antes eu percorria a cada três ou quatro meses, quando morava na capital e ia visitar minha mãe, ou nós duas percorríamos juntas quando ela ia passar um tempo comigo. Naqueles dias, uma amiga me descreveu esse trajeto como uma aventura que misturava cenas de Mad Max com desafios dignos de Indiana Jones. As estradas que ligam o país de ponta a ponta no Norte correm paralelas à tão venerada costa do Caribe, que se estende ao longo de quase 3 mil quilômetros. Tínhamos percorrido boa parte deles naquelas viagens de infância em que papai nos embarcava. Décadas depois, essas mesmas estradas, abandonadas e em contínua deterioração, se transformaram em epicentro de roubos e assassinatos.

A caminho de Caracas, Andrés parou dois dias em Tucacas, um pequeno balneário que, com suas praias cristalinas, era um destino comum de férias na temporada. Meu irmão me mandou fotos do meu sobrinho de três anos entrando no Caribe pela primeira vez, intercaladas com reflexões sobre a Venezuela dos contrastes: crianças desnutridas e um povo empobrecido servindo a turistas "que jogam dinheiro para cima" nos hotéis do balneário.

A menos de duzentos quilômetros dali, nessa mesma noite, a pobreza do litoral adquiriu uma nova dimensão. Um naufrágio matou pelo menos uma dezena de venezuelanos que tentavam chegar a Curaçao. A notícia repercutiu, mostrando um novo ângulo do desespero: centenas de venezuelanos estavam se lançando ao mar em travessias precárias para tentar refazer a vida nas ilhas mais próximas.

Com a ausência de Andrés e ainda sem resolver o problema do dinheiro em espécie para Luz, conseguimos contratar alguém para ajudar minha mãe por alguns dias. A sra. Amparo morava longe e não podia ficar para dormir, mas se comprometeu a chegar antes das nove horas enquanto meu irmão estivesse fora. Mas com a irregularidade dos transportes, era impossível estabelecer um horário mais exato que "vou tentar chegar".

A frota de ônibus era cada vez menor. Já atingido pela falta de peças e pela impossibilidade de comprar veículos novos, o transporte público agora tinha que enfrentar a escassez de dinheiro em circulação. Em consequência, a rede viária urbana se reduziu a aparições fortuitas e esporádicas de latas-velhas que circulavam abarrotadas de gente. Esses veículos em mau estado, que de tão enferrujados nos dava medo de tocar — o pessoal dizia que "se cortar, pega tétano" —, eram comuns na Maracaibo da minha infância. As paradas arbitrárias eram quase sempre comandadas por um grito de "depois do semáforo" ou "na esquina". O ônibus quase não parava enquanto o trocador que ia pendurado na porta subia e descia com uma destreza circense. "Entra, que cabem cem", dizia ele — inspirado na salsa de Héctor Lavoe —, empurrando os novos passageiros para se encaixarem nos veículos como podiam. A outra opção eram as vans. Algumas de linha, outras piratas. Naquele período muita gente que tinha um carro e umas horas livres se lançava em algum itinerário, indicado num cartaz, fazendo transporte de passageiros ao estilo Uber. Meu pai, aquele mesmo que nos anos dourados da Venezuela trocava de carro todo ano, no começo dos anos 1990, quando o nosso cobertor estava curto, às vezes "pirateava" de tarde com sua velha caminhonete.

Nessa época, Maracaibo sofreu uma mudança em termos de transporte público. Algumas poucas linhas de ônibus foram organizadas, com carros novos e pontos definidos. Ter que esperar o ônibus num ponto específico e não em qualquer esquina era visto como o máximo da modernidade. Apertar um botão e não ter que gritar "na esquina!" era uma coisa difícil de incorporar no primeiro momento. Com a ampliação das linhas, era menos comum ver as *chirrincheras* — caminhões 350 ou picapes com gente amontoada como sacos de cimento na parte de trás —, que em geral faziam rotas para La Guajira. Mas depois da década de dinheiro do petróleo nos anos 2000, a frota estava tão dizimada que essas *chirrincheras* começavam a se tornar a principal alternativa de transporte para quem não tinha carro. Espremendo a maior quantidade possível de pessoas, quase sempre em pé, firmando-se como podiam ou pela pressão de uns contra os outros e sob o sol inclemente, elas percorriam a cidade cobrando o preço que queriam.

Minha mãe não tinha que enfrentar isso, ela até certo ponto podia permanecer numa pequena bolha, mas era afetada pelas consequências. Assim como nós sofríamos para conseguir alguém para cuidar dela, também era um trabalho árduo conseguir pessoas para pintar, impermeabilizar o telhado ou fazer os consertos necessários para manter a casa. Com Andrés no Chile, e a relação entre os três melhorando, conversei com minha mãe sobre a possibilidade de vender a casa e passar uns meses em Santiago numa casa de repouso, cujas mensalidades poderíamos tentar dividir entre os três. Podia funcionar momentaneamente, ela teria acesso a serviços de saúde, dois dos seus filhos estavam lá e, para mim, seria mais rápido e mais barato ir à capital chilena que à Venezuela. Ela considerou a ideia e telefonou para uma imobiliária, que lhe fez uma oferta aproximada. A casa de duzentos metros quadrados que durante anos ela se negara a abandonar podia ser vendida por 8 mil dólares. Uma semana depois, caiu para 6 mil dólares. Como se não fosse óbvio, o corretor se sentiu na obrigação de salientar que "a situação está difícil".

Ela disse com firmeza que não ia vender a casa. Eu não refutei.

Para variar, 2018 era mais um ano que começava com sobressaltos. Os boatos de uma sublevação militar, volta e meia recorrentes na Venezuela, chegaram até o Chile. Minha mãe me contou que, nervosa, saiu comprando coisas aleatoriamente por instigação de Jesús, que lhe telefonara mais cedo dizendo que tinha depositado dinheiro para que ela se abastecesse de tudo o que pudesse por causa do barulho de espadas no ar. O descontentamento era uma coisa palpável, tanto que ficou registrado em fotos que deram a volta ao mundo, nas quais se viam dois militares remexendo no que pareciam ser sacos de lixo. "As pessoas não querem mais ir para a rua. Ninguém quer que matem seus filhos, quanta gente não morreu aqui nos protestos? Só nos restam os militares, porque agora sim estão mexendo no bolso deles. Agora sim estão mexendo nos interesses econômicos deles, porque mesmo que aumentem os soldos, o que vão fazer com 2 milhões de bolívares?", comentava Andrés.

Mas a Venezuela era um país em que os militares conseguiam se beneficiar do seu pequeno poder e onde, primeiro com Chávez e depois com Maduro, a linha de comando foi sendo pouco a pouco destruída, evitando fidelidades entre eles e criando uma dinastia de milhares de generais que tinham patente, poder, mas não tropas. Caracas, entretanto, viveu momentos de tensão naquele janeiro. Houve uma avalanche de notícias sobre um tiroteio nos subúrbios da cidade. Oficiais teriam encurralado Óscar Pérez, um ex-policial que ficara famoso no ano anterior por roubar um helicóptero e conclamar a uma insurreição.

Durante o enfrentamento, Pérez, sem saída e visivelmente assustado, postou vídeos curtos dizendo que queria se entregar e que estavam atirando contra a casa em que se encontrava. Sua morte foi confirmada pelas autoridades. "Missão cumprida", comemorou Maduro horas depois.

Minha mãe, mais mal-humorada que de costume, católica não praticante, dizia que tinha brigado até com Deus. "Aqui tem gente morrendo de fome ou de doença, onde está a justiça divina?

Estamos morrendo", gritava ao telefone. "Esta manhã fui ao supermercado, só moscas. Os funcionários me disseram que nem para eles há mais comida, o governo leva tudo para as missões. Nem caixa tem mais." Não se alegrava nem sequer com o regresso de Luz, que tinha voltado depois que minha mãe conseguiu um pouco de dinheiro vivo.

Dinheiro tinha virado outra obsessão. Em dias de pagamento, os bancos atendiam apenas aos aposentados, mas só pagavam enquanto tivessem cédulas. Os caixas dos bancos do governo, onde mamãe recebia, davam até 10 mil bolívares por dia (0,0014% da sua aposentadoria), também enquanto houvesse notas. Sempre havia muita fila e nunca se sabia se ia ser possível sacar alguma coisa. Mas na Venezuela, como falta tudo, existe um mercado clandestino até para as cédulas. Isso no entanto não é fácil nem acessível a qualquer pessoa. Na fronteira com a Colômbia, ocorria um fluxo duplo: produtos comprados na Venezuela a preço subsidiado pelo governo eram levados a Maica, no país vizinho, para serem revendidos por várias vezes o seu valor. Em sentido contrário, entravam alimentos que faltavam em Maracaibo, comercializados em mercados ilegais no centro da cidade. Esse mercado clandestino também arrecadava grandes quantidades de dinheiro em espécie no centro de Maracaibo, que depois era comercializado com comissões de até 140%. "Em dezembro, eu me perguntava como as pessoas podem ser tão idiotas a ponto de pagar 2 milhões de bolívares para receber metade disso, mas isto aqui está tão duro que na semana passada fiquei contente por conseguir cédulas pagando apenas 100%", me confessou Andrés, abatido por um sistema "que se aproveita das nossas misérias, que nos cobra por tudo, uma, duas ou cem vezes".

Os cortes de luz começavam a mostrar a que vieram. Minha mãe perdeu cinco aparelhos elétricos no mesmo ano, o último deles um ar-condicionado, indispensável numa cidade com temperaturas que ultrapassam os 30°C o ano todo. Maracaibo era a cidade mais afetada pelas interrupções indiscriminadas de energia. A casa de minha mãe, um bunker de concreto, ficava insuportável sem o ar ligado. Depois de cinco minutos, a sensação de asfixia era desesperadora. Minha mãe contava que perdia até a vontade de comer. Sem conseguir dormir por causa do calor, instalava sua cadeira na frente da casa para poder respirar um pouco. De noite, quando tudo tinha que ficar fechado, o desespero era maior. Comecei a pensar em comprar um gerador. Conversei com Jesús, que logo em seguida apresentou dois desafios que eu não tinha como resolver: quando Luz não estivesse, quem ia ligar o gerador?; e se fosse movido a gasolina, como garantir o combustível que já começava a faltar também?

Eu consolava minha mãe e a escutava, mas não sabia o que responder. Ficava matutando os problemas mas não encontrava soluções, e quando encontrava, como no caso do gerador, minhas soluções batiam num muro de mais problemas.

Jesús David, meu sobrinho de catorze anos, o filho caçula de Jesús, passava algumas tardes com minha mãe enquanto Júlia, a mãe dele, dobrava turnos no hospital tentando ganhar mais dinheiro, que evaporava em poucos segundos. Meu sobrinho nunca foi muito assíduo na leitura. Quando era criança, eu lhe comprava livros que ele recebia sem entusiasmo, mas com educação. Cursando o ensino médio, no que deveria ser a sua preparação para a universidade, teve que se afastar da sala de aula. Seu colégio anunciou que ia fechar porque os professores tinham ido embora do país e não havia quem cuidasse dos alunos. Essa interrupção o atrasava e também perturbava ainda mais a logística da minha ex-cunhada. "Nunca pensei que chegaríamos a esse ponto", disse minha mãe quando meu irmão começou a falar em levar meu sobrinho para o Chile.

Escrevi a Jesús pedindo-lhe que não falasse sobre isso diretamente com o filho, porque Júlia não iria aceitar a mudança. "Eu não quero que o garoto passe tantas dificuldades, por mim ele pode vir morar aqui", me respondeu numa mensagem de voz. Reconheci o tom na mesma hora e, para não gerar tensões, lhe pedi que tivesse um pouco mais de empatia com sua ex-mulher. "Não ponha o menino contra a mãe", eu lhe disse, sem me estender para evitar outra briga entre nós.

Jesús não falava com seus dois filhos mais velhos. Carmen, a primogênita, fora estudar pouco tempo antes em Falcón, um estado a quatro horas de viagem de Maracaibo, e a cujas praias meus pais nos levavam quando éramos crianças para passar as férias. Alugavam uma casa modesta e faziam as compras básicas. Sem televisão nem rádio, meus pais nos tiravam cedo da cama, tomávamos o café e íamos para a praia. Meu pai instalava um toldo e trazia cadeiras. Minha mãe levava um isopor com sanduíches e água para o almoço. Passávamos o dia inteiro assim, só voltávamos no final da tarde. Minha mãe nos mandava tomar banho imediatamente, "sem reclamar". Depois Andrés e eu íamos caminhar com papai pelas ruas de Adícora, a pequena aldeia costeira onde sempre ficávamos. Meu pai contava histórias de casas abandonadas, faróis e outros mares, enquanto eu tentava perseguir os caranguejos que zombavam de mim entrando no sem-fim de buracos que havia na terra. Devo estar romantizando o passado novamente, mas não havia nada melhor que aqueles dias de salitre e pão com queijo *cheez whiz*.

Pedro, o irmão mais novo de Carmen, morava em Carabobo com a mãe, que pouco depois de se separar do meu irmão tinha se casado e acrescentado outra menina à família. Os dois entraram na universidade e escolheram cursos que pareciam surreais na época. Minha sobrinha, encantada com a famosa *collage* de paisagens venezuelanas, estudava turismo, e seu irmão, fascinado desde pequeno pela diversidade de pássaros no país, queria ser ornitólogo. Eu me comovia e lhes dava ânimo, mas me perguntava se havia futuro para eles, as paisagens e os pássaros, e se teriam alguma oportunidade na Venezuela que meu pai conheceu como a "terra do possível".

Andrés, que tinha acabado de receber o passaporte, também criticava a relação de Jesús com os filhos. Mas ele tampouco tinha o que os Leal chamavam de "um lar constituído". Dividindo-se para visitar seus dois filhos em casas diferentes, meu irmão, que agora se preparava para sair do país, estava numa situação pior. Embora eu sentisse que a emigração estava nos aproximando um pouco emocionalmente, como escreveu José Alfredo Jiménez, "as distâncias afastam as cidades, as cidades destroem os costumes".

Não sei quantas vezes nos últimos anos devo ter lido textos sobre fome, escassez, imigrantes, e sobre como essas palavras suplantaram as misses como referências culturais da Venezuela no exterior. Mas o que me afligia era não encontrar palavras que transmitissem de verdade o meu sentimento de mal-estar e impotência toda vez que acontecia alguma coisa. E como o colapso venezuelano era um enxame de pequenas catástrofes, todos os dias acontecia alguma coisa.

Quando Andrés estava prestes a viajar, minha mãe me ligou para dizer que Luz estava falando de novo em pedir demissão. Em Los Filúos, a aldeia a vinte quilômetros da fronteira onde ela morava com a família, o peso colombiano se tornara a moeda vigente. Sua família, como milhares de habitantes de La Guajira, cruzava com frequência para a Colômbia a fim de se abastecer e vender os animais de criação, sua principal fonte de renda. Na casa deles não havia eletricidade nem água potável. O contrabando de combustível era uma das atividades mais lucrativas. Nessa época, graças à subvenção do governo, encher um tanque de quarenta litros de gasolina de maior octanagem custava 0,001 dólar pelo câmbio paralelo. E isso graças ao último aumento de preço, em 2016, o único em duas décadas. A irmã de Luz, que também trabalhava como empregada doméstica em Maracaibo, estava preparando sua viagem à Colômbia para trabalhar numa casa de família. As duas estavam cansadas do trajeto de cem quilômetros que às vezes se prolongava por quatro horas devido às cinco barreiras que paravam ônibus naquela terra do esquecimento. A passagem na época custava 60 mil bolívares. Nós lhe pagávamos o custo do transporte por fora do salário, mas tudo virtualmente. Para conseguir o dinheiro vivo que lhe permitisse pagar as passagens do mês, Luz precisaria ir ao caixa 48 dias consecutivos, contando que todas as idas fossem bem-sucedidas e nenhuma fosse longe de casa, para não gastar mais em passagens. Mas não era o caso. "Ela está cansada", dizia minha mãe. "De que adianta aumentarmos o salário se eu não tenho como lhe dar dinheiro na mão? Ela diz que se continuar assim, vai embora. Está cansada e tem razão."

Andrés me disse que era impensável deixar minha mãe ir ao centro para comprar cédulas, porque era perigoso. "São máfias, ela não pode ir lá", respondeu quando lhe perguntei como resolver a questão. Ele só tinha ido uma vez, com um contato da polícia. "Somos um povo sem lei. Ainda tenho as minhas convicções, mas quem tiver um pingo de juízo vai embora daqui. Eu devia ter ido quando Jesús me aconselhou, agora tenho que viajar sozinho e por terra", disse Andrés com muita tristeza.

Pouco depois, certa noite, do nada, enquanto eu falava com minha mãe pelo FaceTime, Andrés apareceu na tela e soltou um "estou indo". Tinha adiantado intempestivamente em dois dias a viagem. Jesús lhe telefonara dizendo que iam fechar as fronteiras e que fosse embora o quanto antes. Devorando um sanduíche, eu o vi se despedindo de minha mãe, que parecia estupefata. A cena era tão surreal e tão rápida que era difícil se emocionar. Mas ele estava indo embora.

"Escrevo assim que puder. Me deseje sorte", sorriu, beijou nossa mãe e saiu. A despedida durou menos de dois minutos. Confesso que pensei até o último momento que ia acontecer alguma coisa e ele desistiria. Não sei por quê, mas me custava imaginar Andrés fora da Venezuela.

"Ajuda o seu irmão", me disse mamãe em seguida, triste, olhando para o chão. Para alegrá-la, lembrei que iria visitá-la no seu aniversário, em agosto, coisa que eu nunca tinha feito desde que havia saído da Venezuela. Mas minha mãe repetia que tinha medo que eu fosse. "Você não sabe como está isto aqui, filha."

Andrés tinha que pegar um ônibus naquela noite até San Cristóbal, a cidade onde nossa mãe havia nascido, e de lá seguir para Santo Antonio, a aldeia fronteiriça com a Colômbia. No dia seguinte à sua partida, minha mãe me telefonou preocupada porque não conseguia falar com ele, pedindo que eu tentasse me comunicar. "Manda uma mensagem, diz a ele que saia do país agora mesmo. A sua prima me contou que esteve ontem na fronteira e a situação está horrível. Ficou das quatro da manhã até as dez da noite na fila com a minha irmã na emigração." Minha tia de quase oitenta anos estava indo para os Estados Unidos visitar um dos seus filhos que mora lá. O resto da família partiria para o Chile dentro de um mês. Para a tranquilidade de minha mãe, consegui falar com Andrés pouco depois. Tinha chegado a Santo Antonio de manhã, mas era tanta gente cruzando a fronteira que levaria um dia para conseguir o carimbo de saída da Venezuela, e mais um dia para o de entrada na Colômbia. Conseguiu uma linha de ônibus que, com a demanda crescente, vendia uma passagem única até Santiago por 366 dólares, mas como ele havia chegado num sábado e a bilheteria não abria aos domingos, precisaria ficar até segunda-feira.

"Isto aqui é horrível, é um êxodo, não se trata de emigrantes, é um verdadeiro êxodo. Aqui fazem negócio com tudo. Na rodoviária de San Cristóbal já existe um subterminal que comercializa a saída dos emigrantes. Assim que a gente desce do ônibus, já escuta: 'Peru', 'Chile', 'Equador', mas a corrida que mais se oferece é para Santo Antonio, cidade limítrofe, parada obrigatória. Essa viagenzinha de quarenta minutos custa 100 mil bolívares. Os taxistas vendem pelo dobro tudo o que recebem em dinheiro. Aqui até o ar está à venda, ninguém tem escrúpulos. É triste, aonde vai parar este país?", me disse Andrés numa mensagem de voz.

Ele não parava de enviar áudios do seu quarto num hotel modesto de Santo Antonio, que alugara para ficar até a segunda-feira, quando viajaria. Seu tom de voz se deteriorava de forma progressiva.

"Isto aqui é um horror. Estou recebendo mensagens dizendo que vão fechar a fronteira, que não é possível passar, que a guerrilha está por perto. Vou até a ponte Simón Bolívar e depois te digo."

Duas horas mais tarde me contou que os guardas nacionais lhe informaram que se carimbasse o passaporte ele poderia passar na segunda-feira, que tudo estava "normal", porque o novo normal da fronteira era isso: milhares e milhares de pessoas fazendo fila e saindo umas atrás das outras com cara de incerteza e umas poucas mudas de roupa. À medida que ia chegando a hora de viajar, Andrés começou a me enviar um áudio atrás do outro. Eu não conseguia nem responder de tanto que tinha para ouvir.

"Tenho tanto medo de que me aconteça alguma coisa que dá vontade de voltar, mas não posso, já vou entrar no ônibus. Isto aqui é o inferno, é um sacrifício", disse ele, enquanto eu só atinava em lhe dizer que tivesse paciência.

Depois de atravessar a ponte e pisar em solo colombiano, ele me disse que já partiria, e logo em seguida me mandou uma última mensagem de voz:

"Este país não é o mesmo país que você conheceu. Já chegamos a um ponto de inflexibilidade, eu sabia que ia ser duro, mas não a esse ponto. Por mais que nós tenhamos as melhores praias do mundo, o Auyantepui, o monte Roraima e esses passarinhos que o seu sobrinho tanto ama, precisamos ir embora daqui, não existe futuro, eu não volto mais, este país está sangrando na fronteira."

Pouco depois da sua partida, viajei até a linha que separa os dois países no Norte do Brasil e lá vi claramente o que Andrés tinha vivido. A Venezuela estava, sim, sangrando.

7

Quando eu tinha seis ou sete anos, estava convencida de que minhas pernas eram dignas de um concurso de beleza. Não entendia nada de conceitos estéticos, mas minha mãe — sabe-se lá por quê — vivia dizendo que eu tinha pernas bem-feitas. "A pediatra concorda, quem sabe ela chega a ser miss", dizia minha mãe, absorta num otimismo nada realista. "Mas com esses pés não sobrevive ao desfile de maiô", me aniquilava Andrés, então com dez ou onze anos. "Elas desfilam de salto alto, não liga para ele", respondia minha mãe, julgando que assim devolvia a minha autoestima. Miss Venezuela, a nossa marca mais famosa, era um símbolo que nos dava tanto orgulho quanto a PDVSA, a petroleira que havia nos alimentado durante décadas. Numa espécie de casamento cultural, alguns cargueiros da estatal foram batizados em homenagem às nossas misses mais bem-sucedidas.

O concurso Miss Venezuela escolhia todo ano uma rainha, que nos representava no Miss Universo, e uma primeira finalista, que competia pelo título de Miss Mundo. Em 1981, quando eu nasci, duas louras fizeram história. Irene Saéz, nossa rainha, ganhou o trono universal, enquanto Pilín León, com um perfeito 90-60-90 — os números que definiam a beleza venezuelana —, foi coroada Miss Mundo. Enquanto meu pai me ensinava a recitar capitais e cidades, presidentes e datas, minha mãe me ensinava a cartilha da beleza: misses, anos e cetros. Era também parte da história pátria. Quando, em 5 de dezembro de 2002, a tripulação do cargueiro *Pilín León* se declarou em rebeldia e deteve a embarcação com 44 milhões de litros de combustível no Lago de Maracaibo, aderindo a uma greve nacional contra o governo de Chávez, minha mãe, ainda revolucionária, sentiu uma grande amargura. Aquele nome, que fazia parte do seu verdadeiro panteão nacional, agora estava manchado.

A paralisação havia começado três dias antes, convocada por empresários e em meio a uma tentativa inútil de diálogo intermediado pelo secretário-geral da Organização dos Estados Americanos (OEA), César Gaviria, que, meses depois do golpe de Estado de abril que depôs o Comandante por algumas horas, sentou à mesma mesa o governo e a oposição. A greve deveria durar um dia, mas foi sendo prorrogada à medida que ganhava força com o apoio de sindicatos, políticos e meios de comunicação. O ponto máximo foi quando a tripulação do *Pilín León* se incorporou à pressão contra o presidente.

Em Maracaibo, o Natal começa em meados de novembro, com a temporada de *gaitas*, a música tradicional da cidade, e a feira da Virgem de La Chinita, padroeira local, cujo dia se comemora em 18 de novembro. Em plena temporada comercial e festiva, a greve repercutia com força na minha cidade, símbolo do petróleo. Nós morávamos a três quadras da sede da PDVSA e a poucas mais da calçada do lago, onde o cargueiro estava ancorado. A cada dia se aglomeravam mais e mais pessoas na avenida Cinco de Julio, marco da cidade onde ficava o prédio da petroleira. As televisões foram substituindo sua programação habitual por notícias e informações sobre a greve que havia transformado as principais cidades do país em centros de protesto, cujo símbolo era o nosso tricolor. A luta política na Venezuela também se tornara cromática, e a oposição tentava recuperar a bandeira nacional que Chávez, em seu discurso patriótico, havia partidarizado nos seus primeiros dois anos de governo. Mas o presidente resistia. Em 21 de dezembro de 2002, o Comandante deu um golpe na greve: mandou uma tropa tomar o *Pilín León*, que levantou âncoras e chegou ao porto onde Chávez pessoalmente estava esperando para mostrar aos adversários que não ia ser uma briga fácil. Minha mãe comemorou a vitória do governo enquanto xingava o governador do estado, a quem responsabilizava por ter cortado o nosso fornecimento de gás.

Não preparar o almoço ou o jantar era o de menos, nós podíamos viver de sanduíche por uns dias. O problema era fazer as *hallacas*, os tradicionais bolinhos de farinha de milho, recheados e embrulhados em folhas de plátano, que os venezuelanos comem no Natal. Minha mãe costumava usar para isso uma panela enorme que ocupava duas bocas do fogão e que era um legado do tempo em que meu pai sonhava ter um restaurante. Enquanto Jesús capitalizava a crise, dividindo-se numa agenda apertada de filas para abastecer o carro e viagens ao centro para comprar produtos colombianos que revendia em seu mercadinho caseiro a preços mais elevados, eu destruía uns móveis velhos com um machado que também tinha sido do meu pai e que ficava guardado no pátio com as suas muitas ferramentas. Minha mãe decidira que íamos usá-los para fazer uma fogueira e cozinhar as *hallacas*, um pernil e alguns frangos, que deviam durar para a ceia de Natal e uns três ou quatro dias mais. Sempre nos adaptávamos a tudo, parece. As pessoas tinham transformado as enormes filas de gasolina em centros de reunião, levando mesas e cadeiras de praia, jogando dominó e até tomando cerveja e ouvindo música.

O governo resistiu, a greve foi ficando insustentável e acabou sendo levantada de forma tácita no começo de fevereiro de 2003. Os meses seguintes foram de mais discussão política e consequências econômicas. Mas Chávez não deixaria passar em branco as mobilizações contra ele. Se trabalhar na PDVSA era ter segurança econômica, ser despedido abruptamente da estatal podia significar o colapso financeiro para uma família. Alguns ex-trabalhadores montaram bazares de coisas usadas na mesma avenida Cinco de Julio onde antes, no período da greve, protestavam contra o governo. Vendiam roupa, coisas de casa, aparelhos eletrônicos, revistas e produtos trazidos de outras partes do mundo. Pequenos tesouros que evocavam vidas confortáveis, sem privações. Eram as classes média e alta caindo um ou mais degraus a contragosto. Houve quem gostasse da situação: afinal de contas, segundo a narrativa oficial — que tem uma explicação alternativa para tudo —, eram "golpistas". Essa espécie de capitulação tinha uma conotação social clara: Chávez dizia fazer tudo pelo povo, pelos pobres, os injustiçados. Por isso apresentou cada uma das suas batalhas como uma luta contra as elites ou contra o imperialismo.

Contudo, em 2018, quando sua "revolução" completava dezenove anos, quem capitulava em nossas fronteiras, a pé, carregando nas costas o peso que pudessem aguentar, eram principalmente aqueles pobres que ele tinha jurado defender. Nesse ano, fui três vezes à fronteira entre o Brasil e a Venezuela. A primeira viagem foi desoladora. Os refúgios em Boa Vista, a capital de Roraima, eram improvisados e carentes de condições sanitárias. Muita gente dormia nas calçadas e praças e passava dias sem fazer nada. Eu me lembrava muito do meu pai quando via tanta pobreza, e pensava como a Venezuela, que o tinha recebido tão bem no pós-guerra, agora expulsava milhares de pessoas, muitas delas andrajosas e desorientadas. Essas pessoas não conseguiam conter as lágrimas quando contavam como haviam chegado a essa pequena cidade no Norte do Brasil perseguindo rumores de trabalho e comida, para encontrar uma realidade diferente. Alguns queriam voltar, mas não tinham sequer como pagar os quinze dólares que custava a passagem de volta até a fronteira, e então ficavam ali, como almas penadas, esperando que acontecesse alguma coisa.

Naqueles dias, muitos dos venezuelanos que estavam em Boa Vista tinham acampado na praça Simón Bolívar. Às vezes, alguns voluntários levavam comida para mitigar a fome do pessoal. Certa tarde, enquanto via adultos e crianças fazendo fila para ganhar um cachorro-quente e água, de repente me vieram à cabeça as palavras de meu pai: "Se um dia vocês não tiverem o que comer, vão se lembrar disso". É assim que se pode perder tudo de repente, pensei numa reflexão extemporânea.

Estava arrependida de não haver perguntado e conhecido mais sobre o passado de meu pai. Sabia poucas coisas sobre ele. Nasceu num vilarejo no Sul da Espanha, tinha seis irmãos, e seu pai, que eu não conseguia chamar de avô porque havia morrido mais de quatro décadas antes do meu nascimento, trabalhava numa fazenda. Meu pai estudou pouco e dizia sempre que não tinha medo dos mortos. Contava que quando era criança desafiava seus amigos a atravessarem o cemitério da aldeia à noite. "É dos vivos que você tem que ter medo, filha", dizia ele. Eu lembrava desse episódio toda vez que ia ao cemitério onde ele estava enterrado, no leste de Maracaibo. Um cemitério agora abandonado, constantemente vandalizado e cada vez mais solitário. Por medo de ser assaltada, fazia anos que eu não ia visitar seu túmulo sem adornos, só identificado pelo nome e pelas datas de nascimento e de morte, que sua filha do primeiro casamento escreveu depois do enterro. Quando eu lia notícias sobre jazigos abertos nesse cemitério para roubar o que ainda houvesse, lamentava que os mortos, indefesos, não pudessem voltar à vida para afugentar aqueles que, contrariando a exortação católica, não os deixavam descansar em paz. Era triste pensar que alguém podia ter aberto aquela caixa de madeira onde meu pai, com uma camisa branca emprestada, calça marrom e sapatos pretos, tinha sido enterrado.

Quando eu era pequena, achava estranho que minha mãe tivesse uma família tão grande, enquanto meu pai só tinha os seus filhos e dois sobrinhos. Também falava de uma irmã que foi algumas vezes à Venezuela, mas que eu nunca conheci. Ele não era muito ligado ao passado, não sei se por decisão própria ou porque no Caribe se vivia num presente contínuo. Contava alguns episódios e sei que por anos tentou encontrar um irmão por intermédio da Cruz Vermelha. Em tempos sem internet, meu pai escreveu umas poucas cartas que enviava à Espanha pelo correio.

Com sua letra corrida, fazia um rascunho de cada carta numa agenda antes de escrever a definitiva. Falava de amigos cujos nomes eu não conhecia, de referências e lugares que eram abstratos para mim. Ao ver os imigrantes venezuelanos dormindo em barracas naqueles abarrotados e insalubres espaços iniciais de refúgio em Boa Vista, eu tentava imaginar como seria o primeiro lugar aonde papai chegou em Porto Cabello, no centro, no qual teve que cumprir a necessária quarentena antes de iniciar sua nova vida naquela terra tropical que se escondia atrás das montanhas que separavam o país do litoral caribenho.

Não sei se meu pai se esforçou pouco para manter contato com o que lhe restava de família ou se a desconexão foi consequência apenas da época em que as cartas para outro continente levavam semanas para chegar e nem todo mundo podia fazer ligações internacionais. Também não sei como ele se sentia sem uma família para chamar de sua. Meu pai dizia que só tinha levado consigo umas poucas cartas e fotos acumuladas quando saiu da Espanha durante a Guerra Civil, ainda antes de fazer vinte anos, e que perdera tudo em algum enfrentamento antes de ser capturado na França pelos alemães, em 1939. Em casa só tinha duas fotos antigas dele e uma da sua mãe. Minha avó se chamava María Martínez, a quem, claro, eu também não conheci. Graças a essa única foto, sei que ela tinha os mesmos olhos tristes do meu pai e de Andrés. Além desse traço, não reconheci em seu rosto mais nada de meu pai. Ele não me contou nada a respeito dela, apenas que morreu à distância. "Não pude vê-la nunca mais", me disse numa tarde de domingo, mostrando, com lágrimas nos olhos, a foto de bordas onduladas.

Meu pai tinha braços fortes. Costumava me sentar em suas pernas e brincar de boxe, fazendo-me socar, de punhos fechados, as palmas de suas mãos. Foi com ele que aprendi a ver filmes de boxe. Lembro das nossas conversas com certo grau de complexidade, dado que eu era criança. Além de me chamar de sua pérola do Caribe, expressão que meus irmãos aproveitavam para zombar de mim, não lembro que me dissesse palavras piegas. Alguém que o conhecia me contou recentemente que ele sempre dizia que eu era doce. Para mim ele também era, mas tinha um temperamento forte e cheguei a vê-lo se atracar a murros com um homem que resolveu, não sei por quê, elogiar os alemães na sala de espera de um hospital. Meu pai não esquecia a guerra, mas ao mesmo tempo se distanciava dela. Nunca o vi querer entrar em contato com outros veteranos, nem se interessar por voltar à pedreira em Mauthausen, que mais de quatro décadas depois continuava lhe provocando pesadelos. Uma vez li que naquele lugar os alemães tentaram dobrar o espírito dos espanhóis. Li alguns depoimentos sobre o que acontecia lá dentro. Era tortura suficiente para aniquilar qualquer alma. Mas não a do meu pai. Ele, que quando chegou à Venezuela se envolveu em política e tentou colaborar com os que conspiravam contra a ditadura, não tinha sido dobrado. Passamos poucos anos juntos, mas eu o venerava tanto que me esforçava para manter viva cada pequena lembrança dele que eu tinha. E as revivi com maior intensidade quando visitei aqueles abrigos da ACNUR em Roraima, cheios de venezuelanos que se transformaram em refugiados sem saber o que era uma guerra.

A maioria das pessoas com quem eu falava nas ruas de Boa Vista e Pacaraima, na fronteira, não levava consigo muito mais que uma ou duas mochilas com algumas mudas de roupa, os documentos essenciais, e, alguns, uma lembrança dos filhos, dos pais, das mães, dos irmãos ou das esposas que deixaram para trás. Não tinham dinheiro para comer, muito menos para se comunicar. Alguns tinham vendido seus telefones para pagar a passagem ao Brasil. As comunicações com as famílias na Venezuela eram escassas, alguns não falavam com seus parentes fazia meses, outros deixavam uma mensagem no Facebook quando tinham cinco ou dez reais sobrando para pagar alguns minutos de internet. Muitos eram mais jovens que eu. A maioria, quase todos, vinha do leste do país. Nessa viagem só encontrei uma pessoa da minha cidade.

José tinha 21 anos, sabia cozinhar e tinha deixado a mãe em Maracaibo com a promessa de ajudá-la. Foi primeiro para Caracas em busca de trabalho e dinheiro para mandar para casa. Com a crise espreitando e sem conhecidos na capital, decidiu seguir viagem até Puerto la Cruz, uma cidade menor no litoral, onde esperava poder trabalhar em algum restaurante ou se beneficiar de um resto de turismo. Mas, sem sorte, seguiu as vozes que falavam de um Brasil promissor e reuniu o dinheiro que conseguiu para chegar à fronteira, onde eu o encontrei. Morava com outros venezuelanos debaixo de um tablado para espetáculos construído ao lado dos marcos que delimitavam a fronteira entre os dois países. Improvisaram paredes com papelão e sacolas de lixo, não só para tentar se proteger do frio que faz de noite na região, mas também para garantir um mínimo de privacidade. Fazia duas semanas que José não falava com sua mãe, que, segundo me disse, morava com os filhos menores num bairro de classe média baixa próximo à casa da minha mãe. Da mesma forma que tinha chegado até lá, a conta-gotas, tentava juntar mais dinheiro para continuar a viagem para dentro do Brasil, até achar um lugar onde encontrasse trabalho. Nós nos despedimos ao meio-dia, quando ele se preparava para comer com seus vizinhos a primeira — e provavelmente única — refeição do dia: feijão-preto que tinham cozinhado num fogareiro improvisado numa roda. Aquele tablado me parecia de repente um retrato em escala diminuta no que a Venezuela tinha se transformado, um cenário de milhões de tragédias.

José era criança quando Chávez, quatro dias antes de vencer as eleições, em dezembro de 1998, terminou sua campanha prometendo fazer tudo o que fosse necessário para recuperar o moral e a dignidade de um país entristecido e golpeado. Naquela época, José morava, segundo o seu relato, numa casa de cimento, com quarto próprio e comodidades de classe média baixa. Agora perambulava de forma itinerante com o que cabia numa mochila e morava naquele lugar sem banheiro nem qualquer infraestrutura, a não ser um teto de concreto projetado como piso e paredes feitas de papelão e sacos plásticos. Suas poucas roupas estavam secando num varal improvisado entre dois marcos da fronteira, esses símbolos que identificam o começo do país e que a cada tanto são romantizados por governantes aludindo à nossa soberania.

Dezesseis anos antes, quando eu tinha a mesma idade que José, também percorri por terra os quase 2 mil quilômetros de Maracaibo até Pacaraima, na fronteira brasileira. Ao contrário dele, fiz isso nas férias do meu penúltimo ano de faculdade, em 2001, movida, em parte, pela voz de meu pai, que continuava ecoando na minha cabeça e insistia na importância de conhecer o nosso país. Levei uma mochila pequena com roupa, uma barraca e dezenas de fios, pedras, metais, ferramentas e cordões que usava para fazer malabarismo e, junto com uma amiga, saí percorrendo, de ônibus, praças e hotéis de quinta. Demoramos mais de uma semana para chegar à fronteira, mas não tínhamos pressa. Santa Elena de Uairén, no lado venezuelano, era uma cidade pequena e pacata, rodeada por uma paisagem única. Pacaraima, ao contrário, parecia um grande entreposto comercial. Não havia grandes filas de gente esperando para atravessar, na verdade o trânsito era escasso. Aquela rota era frequentada, principalmente, por turistas que iam conhecer o monte Roraima, que segundo dizem inspirou o mítico mundo perdido de Arthur Conan Doyle. A emigração venezuelana transformou de vez aquela paragem remota. As lembranças dessa viagem me pareciam agora memórias que antecedem uma guerra, porque, embora não fosse o caso, era assim que eu imaginava que deviam ser as consequências de uma guerra.

Naquele momento, naqueles primeiros meses de 2018, era impossível conseguir dinheiro vivo em Maracaibo. O pouco que minha mãe conseguia retirar em cédulas da sua aposentadoria ia integralmente para as mãos de Luz para pagar as passagens, e todo o restante se resolvia com as transferências que eu fazia todos os dias, porque minha mãe ainda não dominava a plataforma dos bancos. Rapidamente se popularizou o "capture" como comprovante de pagamento. Parte do meu dia era consumida em fazer pagamentos e enviar capturas de tela a desconhecidos que prestavam algum serviço à minha mãe. Os cartões de débito e crédito continuavam sendo uma alternativa, mas eram menos usados devido aos contínuos cortes de energia.

Durantes esses meses, decidi tentar recuperar meu apartamento em Caracas, que continuava ocupado pela inquilina que não me pagava fazia anos. Ela chegou a sair de lá por algumas semanas, e o condomínio, sem saber a quem se dirigir para reparos urgentes, mandou um e-mail ao endereço que a junta encontrou nos arquivos, que era o meu. Eles pensavam estar escrevendo para a senhora que viram morando lá ao longo dos últimos anos, porque ela havia assinado a lista em todas as reuniões de condomínio usando o meu nome e se fez passar por proprietária do pequeno imóvel, como me contaram os representantes dos condôminos quando lhes telefonei para explicar minha situação. Graças a uma amiga e ao apoio da síndica, consegui trocar as fechaduras do apartamento, esperando assim dar um ultimato à inquilina, que mais cedo ou mais tarde iria reaparecer porque todas as suas coisas estavam lá. Ela não demorou muito a voltar e decidiu me denunciar na superintendência de habitação do governo por não sei bem o quê. Depois de um sem-fim de telefonemas e favores, consegui um contato na repartição a que ela havia recorrido e pude pressionar também. Eu, que nunca soubera como brigar, agora estava brigando como minha mãe me ensinou como se fazem as coisas: com determinação. Estranhamente, o funcionário da superintendência acreditou em mim e a pressão surtiu efeito; uma semana mais tarde a mulher foi embora e levou suas coisas, não sem antes arrancar toda a fiação do apartamento, levar as chaves do banheiro e da cozinha, assim como os encanamentos externos. Por fim colocou cola extraforte nas fechaduras, obrigando-me a trocá-las. "Pelo menos não pôs cimento nos ralos", disse a amiga que tinha me ajudado em Caracas. Ela tinha razão, poderia ter sido muito pior que simplesmente depenarem meu apartamento.

No Chile, Andrés e Jesús estavam dividindo um quarto, mas as divergências entre eles aumentavam. Andrés se queixava constantemente do irmão mais velho, que por sua vez quase não falava nada sobre a convivência dos dois. As personalidades de ambos eram antagônicas. Enquanto Jesús resolvia as suas coisas como podia, Andrés vivia reclamando de tudo e de todos. Em sequências intermináveis de mensagens de áudio, falava de salários baixos, de xenofobia e de trabalhos que não atendiam às suas expectativas. Convencido de que eu estava bem de vida, ele me pedia empréstimos que eu negava porque não tinha dinheiro. Falava sem parar de Jesús e volta e meia repetia que não contava com nenhuma ajuda da família.

"Passei o dia todo conversando com ele. Não sei, às vezes me dá uma coisa, tenho a sensação de que está mal. Fiquei lhe dizendo muitas coisas, acho que ele não estava preparado para sair da Venezuela, mas saiu e agora tem que aprender a viver", me escreveu minha mãe. "Eles são adultos, mas não quero que sofram, são meus filhos. Isso me faz sofrer", disse ela. Eu respondia com uma sequência de emojis tristes. Não sabia o que dizer. Aconselhava Andrés, mas via que enquanto ele estivesse preso a essa narrativa de rancor as coisas não iam mudar. Sugeri que ele parasse de reclamar de Jesús e se mudasse caso não estivesse à vontade morando com ele, mas na sua perspectiva Jesús tinha que corresponder ao que ele esperava. Soltava suas eternas ladainhas sobre a família, que se resumiam em nos criticar. Dava exemplos de pessoas que eu não conhecia para mostrar como tínhamos fracassado como família. Eu sempre lhe respondia o mesmo, que ele devia se concentrar em arranjar e manter um trabalho, e assim pouco a pouco as coisas iriam se ajeitando. Mas a pouca proximidade que tínhamos alcançado meses antes estava se dissipando. Em suas mensagens, minha mãe oscilava entre a pena que sentia dele e seu desagrado, porque "Andrés nunca aprendeu a viver".

A balada de Andrés ainda tocava como fundo musical quando nos deparamos com outro problema: Luz decidiu ir para a Colômbia, seguindo os passos da irmã. No fim de maio de 2018, ela nos deu o aviso prévio de um mês. Não tínhamos ninguém para substituí-la. Acho que minha mãe não entendeu logo o que aquilo significava e não percebeu que era real, que Luz estava falando sério, que era questão de dias. E evitava falar do caso. Eu insistia, voltava ao assunto, mas minha mãe me ignorava, tentando desconversar. "Vamos ver", respondia. "Vou fazer o que puder", repetia, deixando-me furiosa. Eu detestava quando ela me falava essas coisas porque era como um enorme nada. Minha mãe não podia fazer mais nada sozinha, e esse "vou fazer o que puder" era uma forma de não ter que enfrentar aquele problema que eu sentia que ia cair em cima de mim. Toda vez que ela me dizia essa frase, discutíamos. Eu estava me sentindo asfixiada, porque Jesús não tinha respostas, Andrés só fazia se queixar e nos criticar, e minha mãe dizia que ia fazer o que pudesse. Sentia que ninguém estava tentando encontrar uma solução e que quando todos respondiam com indiferença estavam deixando o peso todo nos meus ombros, e eu não sabia o que fazer. Estava me sentindo injustiçada. Era filha e irmã caçula, por que eu é que devia me encarregar de tudo? Às vezes tinha a fantasia de que morria e olhava com curiosidade de algum além impreciso para saber como agiam na minha ausência. E me arrependia de cada palavra que saía da minha boca. Nos nossos telefonemas, havia demasiadas lágrimas, gritos e coisas que não queríamos ter dito. Sempre nos reconciliávamos, ela dizia que me entendia mas que não sabia o que fazer, e eu dizia a mesma coisa.

Logo depois do aviso prévio de Luz, voltaram a roubar os cabos de internet da casa. A única forma de se reconectar à rede era subornando algum técnico, e minha mãe se negava a fazer isso. Minha ex-cunhada me ajudou procurando alternativas de serviço. Ela mesma não tinha internet em casa havia mais de um ano. Como o roubo de cabos era frequente, as companhias locais que ainda estavam operando popularizaram a venda de modems 3G. Mas um pen drive não resolvia o problema lá em casa porque fazia anos minha mãe só usava o iPad, e agora também um smartphone. Eu a mantinha conectada porque podia continuar alimentando à distância o saldo do telefone, mas sem wi-fi ela tinha deixado de ver filmes e de usar seus aplicativos no iPad, o que a deixava mais entediada e com mais tempo para lamentar a situação atual.

A eletricidade faltava cada vez mais, e minha mãe decidiu passar a dormir no sofá. Mas era ruim para a sua artrite e sua pouca mobilidade, e então deixou de dormir de noite, dormindo de dia de forma escalonada. Sem energia elétrica, a distribuição da água tampouco funcionava. Cozinhar ou usar o banheiro se complicava, era preciso tirar a água das caixas com baldes, mas minha mãe não podia fazer isso. Depois que Luz foi embora, em junho, minha ex-cunhada e uma tia iam de vez em quando ajudar, mas a qualidade de vida de minha mãe caiu muito. Duas ou três mulheres apareceram sucessivamente para trabalhar, mas nenhuma a satisfez. Durante anos, Luz tinha conjugado as funções de cuidadora com as de limpeza, compras e cozinha. Não era pouca coisa. Substituí-la parecia impossível.

Aquelas semanas foram turvas e difíceis, improvisando dia após dia para cumprir o básico. Cheguei a Maracaibo em agosto. Meu irmão mandou uma amiga me buscar no aeroporto, que sem ar-condicionado parecia uma caixa de vapor. O salão asfixiante e mal iluminado era um cartão-postal do impacto dos contínuos apagões. "Há vários meses que nós só funcionamos com gerador", me disse um funcionário. Dois dias antes da minha chegada, Maduro tinha anunciado que em setembro iria aumentar o salário mínimo de 5,2 milhões de bolívares (0,56 dólar no câmbio paralelo nesse momento) para 180 milhões de bolívares (19,56 dólares). Pensando em relação aos preços do dia, o aumento permitiria que um trabalhador que comprava 250 gramas de queijo por mês passasse a comprar dois quilos de farinha, dois quilos de carne, meio quilo de presunto, meio quilo de queijo, um molho de tomate e algumas verduras. A inflação, beirando os cinco dígitos, deveria alcançar 1 000 000% ao fim do ano, previa o FMI.

Estávamos também em plena reconversão monetária. Em março, o governo tinha antecipado que ia tirar mais três zeros da depauperada moeda, mas à última hora resolveu eliminar cinco zeros do bolívar forte que estava em circulação desde 2007, quando Hugo Chávez teve essa mesma ideia de redução de zeros como artifício para disfarçar a desvalorização da moeda. Com a falta de dinheiro físico, a dificuldade real era para fazer contas. Cem mil bolívares fortes viraram um bolívar soberano, nome da moeda que surgiu nessa reconversão monetária que era mais uma maquiagem do que uma verdadeira política econômica. As equivalências eram confusas, subtrair cinco zeros era mais complicado do que parecia.

As ruas do meu bairro de classe média estavam mais desertas do que antes. A princípio pensei que era devido a uma greve convocada por líderes de oposição, mas depois vi que, na tão estancada economia da Venezuela, o impacto do protesto era nulo, impossível de comparar com as sacudidas que Chávez teve que enfrentar em 2002. O país já vivia uma situação de greve constante. Com exceção das filas nos postos de gasolina, minha cidade parecia um cenário de filme pós-apocalíptico. As esquinas cheias de lixo, uns poucos carros velhos e remendados circulando. Silêncio quase absoluto. Não havia gente nas calçadas andando apressada para ir ao trabalho ou à escola. Tampouco gente na rua com cachorros nem lojas funcionando.

Quando cheguei em casa, encontrei minha mãe mais magra, como se estivesse menor em sua cadeira de rodas. Levantou levemente os braços, mais frágeis do que nunca, para me abraçar à sua maneira. Enquanto tirava das malas a comida que tinha levado, minha frustração e minha raiva pela situação ferviam. Depois me sentei no chão para trocar os pneus da cadeira, eu tinha trazido novos depois de comprá-los em outra operação internacional. Minha mãe vinha me pedindo havia meses para substituir as borrachas gastas da sua cadeira, mas era impossível encontrar outras na Venezuela. Afinal consegui numa loja virtual nos Estados Unidos e as enviei à casa de uma amiga na Califórnia, porque ela iria a Caracas em breve. Mas não tinha uma forma segura de mandá--las de Caracas para Maracaibo e me dava medo de que fossem roubadas. Então, pedi que fossem enviadas por correio a outra amiga em Miami, que as levaria ao aeroporto, onde eu ia fazer uma escala de duas ou três horas a caminho de Maracaibo.

Pouco antes, havia renovado o seguro-saúde, mas com a advertência de que não servia para nada. Com a crise, era impossível oferecer um plano que mantivesse o valor por um ano. Como era impossível antecipar a inflação e a desvalorização da moeda, as companhias seguradoras só ofereciam manter o contrato a um preço baixo "para permanecer o vínculo caso um dia as coisas se normalizem", me disse o corretor, aconselhando-me a renovar porque se um dia o país finalmente se aprumasse não haveria como fazer um novo seguro para minha mãe. Decidi renovar, convencida de que ele tinha razão.

"Isto não pode continuar, mãe, você não pode continuar aqui", disse eu, desatando a briga que por anos tínhamos mantido em segundo plano. "Não vou embora da minha casa", respondeu ela. "Vou fazer o que puder."

É difícil. Passamos a vida montando os nossos lares, compramos coisas que nos agradam ou nos parecem indispensáveis, decoramos os nossos espaços, e chega um dia em que não podemos mais cuidar deles; isso acontecia em situações normais, mas aquela situação não tinha nada de normal. Não sei quantas vezes pintei as paredes, as grades e reforcei a impermeabilização do teto com aquela tinta prateada que só podia passar de manhã cedo ou no final da tarde, para evitar o reflexo cegante do sol. Fui eu que comprei praticamente todos os eletrodomésticos. Nos últimos anos, Jesús ajudou também em alguns pagamentos e na manutenção da casa.

Eu achava que o ideal seria que minha mãe voltasse a morar em San Cristóbal com uma das suas irmãs. Assim ela estaria acompanhada e teria ajuda, além de não precisar se preocupar com os serviços domésticos, era o que eu pensava. Andrés me criticava, mas não só não propunha outra solução como muitas vezes piorava a situação. Eu entendia que minha mãe não quisesse sair da sua casa, eu também não ia querer sair da minha, mas não via alternativa: tampouco queria ir embora e deixá-la sozinha, e por isso insisti que fosse morar provisoriamente com uma irmã em San Cristóbal que aceitou recebê-la. Depois de muita conversa e discussão, minha mãe assentiu resignada e começamos a fazer as malas.

Com a inflação, a desvalorização e a falta de cédulas, algumas coisas começavam a ser pagas em dólar. Foi o que descobri quando procurei um motorista para nos levar até a cidade de infância da minha mãe. Transporte era um setor muito especial devido à escassez de gasolina. Encher um tanque de quarenta litros custava menos de cinquenta bolívares fortes que ainda circulavam nessa transição monetária (0,000005 dólar no câmbio paralelo), mas os frentistas nos postos de Maracaibo só aceitavam notas de mil bolívares fortes (0,00010 dólar) por causa da falta de cédulas. Fora das bombas, os galões também eram comercializados em moeda americana. Maduro falava em determinar um novo aumento do preço da gasolina, mas a proposta, que prometia equiparar o preço na Venezuela ao internacional, parecia impraticável num país onde o salário mínimo, após quase 4000% de aumento, era de 19,56 dólares. Maduro então falava de dar um subsídio a quem passasse por um sistema datiloscópico e apresentasse seu carnê da pátria, que minha mãe continuava sem tirar. Uma das minhas primas, que também se negava a pedir o carnê, afinal sucumbiu, porque resistir é um luxo que ela não podia se permitir se quisesse ter gasolina no carro.

A Venezuela parece um ato de submissão permanente, não porque as pessoas não tenham princípios ou não estejam fartas, mas porque estão muito ocupadas tentando sobreviver. Essa submissão, nada questionável para quem enfrenta o desafio constante de viver no país, era visível em toda parte. Nos supermercados vazios, nos açougues protegidos pela Guarda Nacional, nos bancos às escuras e transformados pelas altas temperaturas em fornos de concreto, e nos hospitais sem insumos nem médicos. As agências bancárias, sempre lotadas, com longas filas saindo dos caixas automáticos, eram especialmente indutoras de submissão, mas também de frustração. Nesses caixas, o limite diário de saque na época era de dez bolívares soberanos (equivalente a 1 000 000 bolívares fortes), e por isso as pessoas iam aos guichês e ficavam horas na fila tentando retirar cinquenta bolívares soberanos por dia, o que não dava nem para comprar no mercado clandestino um quilo da tradicional farinha de milho pré-cozida.

Fiz os últimos preparativos para a viagem. Andava pela avenida Cinco de Julio, a duas quadras da casa de minha mãe, onde passei minha infância e minha adolescência em desfiles de Carnaval, vendo a decoração natalina, caminhando até a escola e passeando no fim da tarde com meu pai para comprar pão na padaria de um amigo. Só via estruturas vazias e, em casos como a padaria, ruínas de antigos comércios prósperos da minha infância. A livraria que eu frequentava quando entrei na faculdade ainda existia, mas se limitava a vender miudezas. Ainda estava aberta a confeitaria onde meu pai nos levava aos domingos para comprar um doce para cada um de nós como um cobiçado prêmio de fim de semana. Uma fila de umas trinta pessoas estava na porta. A loja ainda vendia coisas como os tradicionais biscoitos de ovo, mas para continuar operando cedeu espaço para a venda de pão, charcutaria e outras coisas. Perguntei a uma senhora na fila o que ia comprar, e ela me respondeu com um simples: "O que houver".

Mas "queijo? pão? ovos? chegou algo específico?", insisti. "Não sei, vamos ver, o que houver." Fui até a porta e lá o funcionário me disse que só tinha pão e alguns refrigerantes, o queijo tinha acabado. Os semáforos da avenida estavam apagados. Em outra época, eram uma referência de sincronização e modernismo. Agora os carros atravessavam os cruzamentos numa espécie de tetris, no qual, apesar de todos entrarem ao mesmo tempo, ninguém batia. De todo modo, havia pouco trânsito, dominado em algumas quadras pelos caminhões-pipa que vendiam água por causa da escassez habitual nessa cidade de clima infernal.

Tentava animar minha mãe com a viagem. O clima era mais agradável, ela ia ficar acompanhada, mas era inútil.

Para minha surpresa, quando chegou o dia, minha mãe sorria, e era eu quem segurava as lágrimas. Foi muito difícil fechar o portão daquela grade e dizer adeus às plantas que minha mãe tinha cultivado com tanto cuidado, dando vida àquele cenário de desolação. O chão, as paredes, as caixas-d'água. Eu cresci lá, e sempre voltava. Agora não sabia quando ia pôr os pés de novo naquele lugar.

Ir de Maracaibo a San Cristóbal, a cidade encravada nos Andes venezuelanos onde minha mãe morou até os vinte anos, era uma coisa que fazíamos com frequência algumas décadas atrás. São apenas 450 quilômetros separando as duas cidades, numa viagem que transcorre bordeando a fronteira com a Colômbia. A principal dificuldade do trajeto é o combustível, porque todos os postos ao longo da estrada estão fechados durante a maior parte do tempo por ordem do governo, que afirmava que dessa maneira estaria combatendo o contrabando. A gasolina era cobiçada e se vendia ilegalmente em pesos colombianos com a anuência da Guarda Nacional, assim como quase tudo o que se comercializava no percurso. O pouco que se conseguia comprar em bolívares era inacessível para o venezuelano que vivia com um salário mínimo.

Para não ter que abastecer no caminho, nosso motorista levou no porta-malas uns galões de combustível extra. Passamos por uma dezena de postos militares no caminho, todos exibindo o rosto de Chávez, que, apesar de ter morrido cinco anos antes, continuava figurando em toda a propaganda oficial e nas sedes de instituições, como uma espécie de chefe místico da cadeia de comando.

Fazia uma década que eu não ia à cidade onde minha mãe havia crescido, mas à medida que entrávamos nas curvas ziguezagueantes eu reconhecia lugares de épocas passadas, como um restaurante que funcionava num posto de gasolina. Foi lá que, anos antes, na primeira vez em que dirigi nessa estrada cheia de caminhões, meu irmão mais velho ficou me esperando de braços cruzados sentado no capô do carro e rindo porque eu, inexperiente, não conseguia acompanhar seu ritmo. Agora não havia nem restaurante, nem posto, nem irmão, nem carros, nem risos, só estruturas abandonadas.

Chegando à cidade, a quarenta quilômetros da fronteira com a Colômbia, a primeira imagem que se via era a enorme fila para comprar gasolina. Diferentemente de Maracaibo, San Cristóbal recebia menos combustível, portanto havia quilômetros de carros esperando na frente dos postos até começarem a vender. Os automóveis eram numerados e o processo era fiscalizado pela Guarda Nacional, que depois do último colocava um cone no chão. Assim, o pesadelo local era chegar a qualquer fila e ficar depois do cone.

Quando chegamos à casa da minha tia Margarita, que todo mundo chama de Marga, minha prima — a única dos quatro irmãos que não tinha saído do país, mas que tem dois filhos também no exterior — me contou que justamente estava indo dormir por duas horas porque tinha deixado o carro na fila da gasolina e às quatro da manhã começavam a abastecer. Minha tia Marga, uma das três irmãs de minha mãe que ainda eram revolucionárias fiéis, estava ouvindo uma rede de Maduro. Minha mãe revirou os olhos, dando o primeiro sinal de que as coisas não iam ser fáceis.

San Cristóbal parecia menos decadente que Maracaibo, mas os problemas eram os mesmos. Lixo em toda parte, falta de táxis e de ônibus, obrigando as pessoas a andar horas, numa cidade de grandes ladeiras, para ir e voltar do trabalho, o que dificultava, de novo, contratar alguém para tomar conta de minha mãe. Também faltava luz, mas isso se sentia menos graças ao clima andino, que nos dias mais quentes fica em 20°C. A internet e o telefone falhavam com tanta frequência que nas lojas, na hora de pagar com o cartão, as pessoas diziam a senha para evitar que o vendedor movesse a máquina, com medo de perder o sinal. A novidade era a falta de gás. No estado Táchira, a maioria das casas usa bujão, e não gás encanado. Com a crise dos serviços públicos, muitas vezes os bujões, necessários para cozinhar, escasseiam durante semanas, o que alimentava a situação de constantes protestos e bloqueios nas estradas.

Minha tia ouvia religiosamente o noticiário do canal do Estado, que pinta uma Venezuela muito diferente, cheia de alegria e de gente com as suas necessidades básicas cobertas por um governo todo-poderoso, que entrega material escolar, comida, remédios e até roupa à população. Uma Venezuela de onde ninguém sai: pelo contrário, para onde centenas de pessoas voltam depois de ter sido maltratadas em outros países, porque aqui se vive melhor, sem dúvida. O roteiro do noticiário parecia um compêndio de frases extraídas dos discursos de Chávez e tentava mostrar todas as aparições de Maduro e seu gabinete como atos positivos, mas acabava descrevendo um país onde os únicos acontecimentos eram ministros e altos funcionários entregando coisas. O presidente era a estrela do espetáculo e aparecia anunciando mais bônus e subsídios para quem tem o carnê da pátria.

No bairro da minha tia, claro, a realidade era outra. Corria a notícia de que um gerente de supermercado havia sido preso depois que uma operação de fiscalização encontrou produtos com sobrepreço, mas ninguém prestava muita atenção porque diziam que ia chegar carne à tarde. O país vivia num susto contínuo. As filas geravam um efeito Pavlov nos venezuelanos, que ao verem mais de dez pessoas juntas em frente a algum comércio queriam logo saber o que estavam vendendo. Era fácil entrar nessa lógica, mesmo tendo comida em casa, a ansiedade que a escassez produz é difícil de controlar.

Os mercados estavam cheios de policiais, e os açougues, de militares. Todos vigiando para que fosse cumprido o defasado controle de preços. Vendedores informais nas esquinas brincavam de esconde-esconde com eles. Alguns nem sequer tinham uma banca, levavam os produtos nas mãos e os vendiam enquanto andavam sem rumo. Meus primos e minhas tias viviam numa engrenagem que funcionava 24 horas por dia, de domingo a domingo, para conseguir coisas. Nunca paravam. A maioria trabalhava no comércio informal e quase todos recebiam dinheiro de algum parente que vivia fora da Venezuela. As idas à Colômbia eram constantes. Iam comprar comida e trocar dinheiro. "Toda vez que tenho que atravessar essa ponte me dá muita tristeza, parece que estamos numa guerra, só venho porque não há alternativa", me dizia uma das minhas primas empurrando um carrinho de mercado. A bandeira nacional, rasgada e desbotada, ondulava no início da ponte, bem antes do primeiro posto colombiano. Centenas de venezuelanos faziam fila nas linhas demarcadas para passar pelos vários pontos de controle de documentos. Quando alguém era barrado por não ter o passaporte carimbado ou o cartão migratório, bastava dar meia-volta que os coiotes apareciam oferecendo soluções.

Nos arredores da casa da minha tia, consegui contratar uma cuidadora que, morando perto, não teria problema para vir diariamente. Combinamos um salário em segredo, porque minha tia não concordava com o que ela pedia. Solicitei à moça que tratasse de tudo diretamente comigo e que se dedicasse apenas a cuidar de minha mãe. Agradeci à minha tia por ter recebido minha mãe e lhe disse que seria temporário, que íamos procurar alguma solução. "Fica tranquila, filha, que ela é minha irmã e enquanto eu estiver aqui será bem-vinda", me reconfortou ela.

Meu penúltimo dia em San Cristóbal e na Venezuela foi o aniversário da minha mãe. Era naquela cidade, onde a maior parte dos irmãos dela sempre tinha morado, que aconteciam as festas familiares apoteóticas. Numa casa ou em outra, eram compradas caixas de uísque, e a comida era servida em panelas. Mas isso tinha sido em uma outra Venezuela. Na de agora, conseguimos o bolo numa troca, a sangria substituiu o champanhe do brinde e uma dúzia de cervejas apareceu de surpresa por cortesia do meu tio. Passamos a noite toda falando do passado, da vida que não temos mais nem sabemos se poderemos recuperar. Minha prima, que tem dois dos seus três filhos no exterior, conteve as lágrimas e brindou a um futuro em que a família pudesse estar reunida de novo, como naquelas festas de antigamente.

De madrugada, antes de ir embora, eu estava triste porque sabia que era um arranjo precário, mas quis pensar que minha mãe se sentiria melhor com a minha tia do que sozinha em sua casa de Maracaibo. A presença adicional de Clara, a cuidadora que eu havia contratado, também me tranquilizava um pouco, mas de todo modo a despedida foi difícil. Minha mãe me fez levar um pedacinho do bolo para o caminho e me beijou desejando boa viagem. Fui parada em mais de dez postos militares até chegar a Maracaibo. Num deles me fizeram tirar a roupa num quarto pequeno enquanto uma guarda nacional revistava até minha roupa íntima em busca de sabe-se lá o quê. Mas cheguei ao aeroporto em tempo de pegar meu voo.

Nos primeiros dias, minha mãe parecia mais feliz ao telefone. Dizia que se encontrava com as irmãs, especialmente com minha tia Elena, a mais ativa de todas apesar de ter oitenta anos. Eu quase não acreditava que finalmente tínhamos conseguido respirar. Clara cuidava dela, dava banho, servia a comida e a levava para tomar sol. Minha mãe conversava com as irmãs, e até a filha da minha tia Marga, que se mostrara pouco favorável a recebê-la, estava tranquila, pelo que minha mãe me disse nas primeiras mensagens depois da minha partida. Embora a maioria das nossas mensagens fosse para falar sobre logística, pagamentos e transferências, também conversávamos sobre outras coisas. Ela estava tão animada que, com o apoio da minha tia Elena, decidiu voltar a fazer fisioterapia.

Mas a alegria durou pouco. Minha mãe começou a me escrever de madrugada, dizendo que não estava conseguindo dormir. Numa tarde de outubro, sem mais nem menos, ela me disse que ia ter que voltar para Maracaibo, que minha tia lhe dera um ultimato. Eu não entendi o que estava acontecendo e perguntei se elas tinham brigado, mas ela disse que não, que simplesmente tinha que ir embora. Também me disse que minha tia Marga estava chateada comigo porque não lhe telefonei naquelas semanas, e que ela obrigava Clara a fazer serviços que não lhe cabiam. Unilateralmente, minha mãe me avisou que iria para Maracaibo com Clara e que, para me evitar, tinha pedido o dinheiro da viagem aos meus irmãos. Tentei fazê-la entender que Clara não podia se mudar para outra cidade, onde não conhecia ninguém, de uma maneira tão intempestiva. Mas minha mãe não me ouvia, e tudo aquilo provocou mais discussões. Para chegar a um ponto intermediário, eu me propus a arrumar um apartamento pequeno que fosse alugado em dólares, onde ela pudesse morar temporariamente com Clara. Ela aceitou e começou a conversar com uma imobiliária. Nesse meio-tempo, Clara adoeceu e tirou licença por uns dias. O que eu não sabia é que, sem Clara em casa, minha mãe não comia. E muito menos sabia que ela não comia porque minha tia Marga reclamava dos gastos, apesar de eu ter feito uma grande compra de mercado quando deixei minha mãe lá e de ela contribuir com compras diariamente. Minha mãe só me contou tudo isso num dia em que estava se sentindo muito mal, pois minha tia havia saído e a deixado sozinha trancada em casa. Pedi ajuda a uma prima, para ir buscá-la e levá-la ao médico; mas, sem as chaves para abrir o portão da grade, foi preciso esperar que minha tia voltasse. Minha mãe passou o dia no médico com a minha prima. Fazia dias que ela comia mal e seu organismo, já frágil, tinha sofrido o impacto.

Quando Clara voltou da licença médica, estava decidido que minha mãe iria morar com minha tia Elena, que tinha um quarto extra. Como minha mãe estava mais fragilizada, e a casa da tia Elena era mais longe da casa de Clara, pedi à cuidadora que ficasse morando com ela durante as primeiras semanas. Minha mãe não foi mais a mesma depois daquele dia no médico. Começou a me escrever ou ligar com mais frequência de madrugada. Minha tia Elena a acolheu com a mesma disposição de ajudar que eu tinha visto nela durante anos, mas também com a sua mão firme de mãe de outra época. "Filha, você a mima demais", me dizia a minha tia pelo telefone. Começamos a nos falar quase todos os dias, porque eu via minha mãe sempre apática e se sentindo mal. Até suas mensagens se tornaram quase ininteligíveis, cheias de erros.

Acompanhada por Clara e minha tia, minha mãe foi a vários médicos, mas as melhoras que apresentava eram relativas. Ela dizia que não dormia nada durante a noite. Às vezes me telefonava para dizer que estava vendo mortos no quarto. Dizia que não queria se deitar nem ficar ali, porque via sombras correndo atrás dela quando fugia para a sala em sua cadeira de rodas. Ela passava as noites assim, disse minha tia. Certa madrugada liguei chorando para Jesús e dizendo que não sabia mais o que fazer. Ele tentou me tranquilizar, tal como tinha feito anos antes quando lhe disse, também aos prantos, que nosso pai ia morrer.

Minha mãe tinha momentos melhores, mas falava cada vez mais dos mortos. "Não quero perder o controle, preciso de ajuda", disse à minha tia Elena numa noite, como ouvi numa conversa que deve ter sido gravada acidentalmente em seu iPad.

Minha tia Elena, que tinha uma fé infinita em Deus, prometeu trazer o padre da paróquia para conversar com ela. Eu disse à minha tia que chamassem um neurologista em vez do padre, mas não era fácil conseguir médicos, muito menos especialistas. Tia Elena trouxe o padre para conversar com minha mãe. "Ela não tem fé", foi o que concluiu o padre depois de falar com ela, contou minha tia. Isso não me surpreendeu, minha mãe nunca foi uma mulher de fé, embora às vezes abraçasse o catolicismo. No final de novembro, eu falava mais com Clara que com minha mãe, quase sempre indisposta. Minha tia não queria receber nada pela comida, o que havia se tornado um trauma depois do que aconteceu com tia Marga. Só me dizia: "Depois nós acertamos isso, filha". Eu depositava dinheiro duas vezes por dia para comprar cada vez mais remédios e pagar os médicos. Um dos meus primos, que morava no segundo andar da casa, ajudava a encontrar os tratamentos.

Eu não tinha tempo de pensar no dia seguinte, e quando combinei com Clara a programação de fim de ano — ela tiraria algumas semanas de férias para passar as festas com a família —, telefonei imediatamente para minha tia Elena dizendo que eu iria encontrar uma substituta para aqueles dias, mas que deixasse minha mãe ficar lá. No primeiro fim de semana de dezembro, minha mãe soava pior do que nunca ao telefone. Não seguia os tratamentos, não queria comer e passava a noite inteira acordada. Os mortos continuavam a assombrá-la. Eu, que me considerava mais racional, concluí que se tratava de cansaço mental por falta de sono. Brigamos. Não havia nada de racional em mim. Queria trazer minha mãe de volta, sentia que se soltava da minha mão. Logo eu, que sempre prometi a mim mesma que não agiria como ela, me descobri demonstrando minha preocupação da mesma forma que ela fazia comigo quando eu era pequena: repreendendo-a. Talvez seja mesmo verdade que todas as filhas se transformam em suas mães.

8

Havia passado muito tempo. Parecia que ninguém lembrava mais como chegamos a isso. Nem na Venezuela as pessoas pareciam lembrar que Chávez venceu sua primeira eleição em 1998 com 3,7 milhões de votos num país com 11 milhões de eleitores. Sim, eram 56% dos eleitores, mas com uma abstenção de 36,5% aquela vitória, vista em perspectiva, empalidecia diante da última eleição do nosso político mais popular até então, Carlos Andrés Pérez. Ficou esquecido que Chávez montou, com uma pequena comissão de políticos e intelectuais, um esquema para assaltar o Congresso, então bicameral, e reescrever a Constituição no seu primeiro ano de governo. E que o apoio popular serviu para chantagear o Poder Judiciário, que sucumbiu a favor do chefe de Estado, e que puderam concluir o plano graças a uma estratégia eleitoral matematicamente infalível, que nos deixou com uma Assembleia Constituinte com 93% de votos a favor de Chávez e que, com tamanha homogeneidade, permitiu a redação de uma nova Constituição em três meses e meio. O texto ampliava os poderes do chefe do Executivo ao estabelecer um sistema político no qual o presidente, Chávez naquele momento, tinha poucas limitações. A mudança estética foi ampliar o período do governo e permitir a reeleição imediata. Mas as transformações foram muito mais profundas.

As pessoas também parecem ter esquecido que todo o processo de transição, graças à popularidade de Chávez, foi coordenado por um novo Congresso, agora chavista, derivado dessa Constituinte e regido por ela, que também acabou montando um sistema eleitoral compatível. Tudo isso aconteceu no primeiro ano de governo. No segundo, foram realizadas megaeleições em consequência de tudo isso, ampliando a presença do chavismo mediante a mesma estratégia eleitoral da Constituinte.

Nós não precisávamos de uma nova Constituição, havia prioridades econômicas e sociais, mas as pessoas não tinham votado num governo. Aqueles, como minha mãe, que escolheram Chávez em 1998 votaram em um salvador que ia tirá-los magicamente do fundo do poço. Os venezuelanos votaram também numa revanche contra os políticos "tradicionais" que os negligenciaram durante anos. Imperavam a raiva e o ressentimento contra a nossa tradicional democracia e os seus partidos, e que melhor saída podia haver do que começar tudo de novo?

Superados os anos do golpe e das greves, e com o aval de ter vencido um plebiscito revogatório, Chávez parecia imbatível a partir de 2005. Um boicote da oposição às eleições legislativas daquele ano deixou a Assembleia Nacional totalmente nas mãos do chavismo. Surfando nos lucros do petróleo, sua popularidade disparou não só dentro da Venezuela, graças aos programas sociais e ao consumo que estes favoreceram, mas também além das fronteiras. Seu nome influiu, para o bem ou para o mal, em todos os processos eleitorais da região, e sua política de subsídio do petróleo convenceu pessoas até em Londres. Nossa principal matéria-prima financiou projetos como o canal de televisão Telesur

— sua aposta global de comunicação — e deu impulso a alianças políticas internacionais. Nacionalizou dezenas de empresas de inúmeros setores a seu bel-prazer. Chávez tinha tanto poder que o Congresso autorizou a troca do nosso escudo nacional porque sua filha de nove anos achava curioso que o cavalo ali desenhado olhasse para trás, para o lado direito, em vez de galopar com a cabeça voltada para a esquerda. Depois, a justiça condenou um colunista que escreveu um artigo de humor sobre essa mudança. Tudo isso em seu primeiro período de governo.

Em 2006, quando foi reeleito, Chávez não interpretou a avalanche de votos como uma aprovação ao que fizera até então, mas como um pedido de radicalização. Naqueles anos, o Comandante chegou a se descrever como um pintor. Falando em terceira pessoa num dos seus muitos discursos, definiu-se como "aquele que manuseia o pincel, que põe as cores, que combina; o artista". A revolução era um quadro em processo, e ele, só ele — dizia —, podia terminá-lo. Não podia entregar o pincel antes disso, e por esse motivo, não satisfeito com seus dois períodos presidenciais, em 2007 decidiu reformar a Constituição, que havia sido escrita sob medida para ele, com o intuito de garantir uma reeleição indefinida. Foi a primeira vez que perdeu uma votação. Inconformado, um ano e dois meses depois convocou um novo plebiscito para insistir no mesmo ponto, e venceu por estender o benefício a outros cargos de eleição popular. Pressionou seus aliados a dissolver suas siglas e a se somar a um partido único criado e guiado arbitrariamente por ele.

Na época, eu cobria o chavismo na imprensa. Marchas, alianças políticas, frentes civis, deserções militares, protestos, repressão, cadeias nacionais, mesas de diálogo, greves, vivíamos tudo isso nas redações e nas nossas casas. Chávez, com seu magnetismo e inteligência política, se apoderava de tudo. Tomada pelo descrédito na política, eu levei anos para me decidir a votar. Na maioria das vezes, votei em branco porque me sentia parte daquilo que passou a ser chamado de "nem-nem", nem com uns, nem com outros. Depois das greves e do golpe de Estado, entretanto, votei pelo "não" no referendo revocatório, a favor da permanência de Chávez, não porque tivesse afinidade com ele, isso nunca tive, mas porque sentia que o país não aguentava mais. Haveria eleições presidenciais em breve e poderíamos ter uma transição tranquila. Eu estava errada. Tanto que pouco depois da eleição um deputado chavista divulgou a lista dos milhões de pessoas que assinaram a petição para realizar o plebiscito, e esse arquivo se tornou uma ferramenta pública de retaliação que destruiu milhões de famílias.

Embora o chavismo sofresse alguns reveses eleitorais em algumas regiões, cada votação ampliava o seu controle. Era como se cada confirmação eleitoral do chavismo fosse diretamente proporcional à destruição da nossa democracia, aquela democracia que, conforme tínhamos aprendido nos livros escolares, era a mais estável da América Latina.

Eu tinha um acesso considerável a boa parte do entorno dele, o que não era comum naquela época — e por causa disso ganhei vários comentários irônicos de alguns colegas —, mas com o presidente só falei uma vez. Vivia de jornalismo num país sem fontes oficiais para exigir prestações de contas, onde os meios de comunicação se tornaram o inimigo, os jornalistas eram espancados na rua por protestar e o governo fazia do seu poder uma ferramenta para fechar, pressionar ou comprar estações de TV, rádios e jornais. Naquela época, era obrigatório usar colete à prova de balas e máscara antigases nas manifestações e, em alguns meios de comunicação, assinar um termo de responsabilidade antes de cobrir um protesto, o que me dava um frio na espinha. Fui carregada em manifestações, asfixiada por gases. Mas não apanhei, como muitos dos meus colegas. Alguns políticos de oposição chegaram a exigir ler minhas matérias antes de serem publicadas em um dos jornais nos quais trabalhei. Como na vida, não havia santos na política contemporânea venezuelana. Mas tive sorte, nunca me prenderam nem me detiveram trabalhando, e saí do país antes que o jornal onde trabalhava fosse vendido. O comprador, diziam, era um testa de ferro do governo. Era outra vida. Muita água passou por debaixo da ponte depois disso. Entramos num ritmo tão vertiginoso que lembrar ou até pensar parecia um luxo.

Eu não apenas não lembrava como tínhamos chegado àquilo, como não tinha tempo para pensar no assunto. Precisava responder aos problemas de cada dia. Em novembro de 2018, eu não conseguia lembrar em que momento minha relação com Andrés azedou de novo, nem quando Jesús, cansado das brigas com ele, se mudou para outro lugar em Santiago, ficando cada qual em seu canto. Não lembrava exatamente quando tinha começado a obsessão de minha mãe pelos mortos, nem em que momento paramos de conversar de forma coerente. Muito menos quando Clara, uma pessoa que poucos meses antes não existia na minha vida, tinha se tornado indispensável e era a minha interlocutora diária para depósitos, remédios, transferências e hospitais. Não sabia como a minha casa e meu escritório ficaram cheios de papéis com números de contas bancárias e avisos de coisas a fazer na Venezuela. Não lembrava se tinha dito recentemente a minha mãe que a amava, como havia decidido fazer todos os dias desde que meu pai morreu.

Estava esgotada, e embora disfarçasse bem, porque minha mãe me ensinou a manter as aparências, internamente oscilava entre a tristeza, o desespero e muita frustração. Repetia para tia Elena que não sabia o que fazer, porque de fato não sabia. No primeiro domingo de dezembro, minha mãe e eu conversamos pelo telefone por cerca de uma hora. Ela insistia que tia Elena e eu a havíamos enganado e nos acusava de estar tramando contra ela.

Dizia que minha tia tinha trocado os móveis de lugar para enganá-la e que quando ela se deitava os mortos apareciam nas colunas de madeira, aos pés da cama. Choramos, gritamos, cobramos coisas uma da outra. Minha mãe sempre foi doente, sempre teve limitações físicas, mas nunca mentais. Nunca tinha temido os mortos, aquela não era ela. Eu podia ser o adulto na sala para enfrentar desafios logísticos, mas aquela força invisível se infiltrando na cabeça da minha mãe, tirando-a de mim, fazia com que eu me sentisse de novo como uma criança de cinco anos incapaz de qualquer coisa que não fosse chorar e gritar.

Na segunda-feira, dia 3 de dezembro de 2018, minha mãe teve um dia mais tranquilo, mas na terça de manhã cedo, quando liguei para conversar, não consegui entender o que ela dizia. Emitia uns sons que, pelo tom calmo em que falava, ela achava coerentes, mas eram incompreensíveis. Eu disse à minha tia Elena que parecia um AVC e que a levasse imediatamente ao médico. Falei com Jesús e pedi que telefonasse para ela, com a esperança vã de que minha mãe ficaria mais animada ao ouvir a voz dele. Minutos depois ele me ligou de volta. "Você tem que ir", me disse, desconcertado. Era o mesmo tom de voz de 25 anos antes, quando ele tentava disfarçar o medo que sentia enquanto andávamos na direção do hospital onde nosso pai estava internado. Respondi que já tinha previsto ir na semana seguinte para substituir Clara, enquanto ela tirava férias.

Minha tia Elena e Clara levaram minha mãe ao médico. Conversei com ele pelo telefone e confirmou minhas suspeitas, era possível que fosse um AVC, mas tinha que fazer exames e uma tomografia. Levaram mamãe para outra clínica, onde iria fazer os exames, enquanto eu depositava dinheiro e fazia os pagamentos. Nesse dia tive que fazer tantas transações bancárias que, devido a uma nova resolução do governo, congelaram minha conta bancária por estar ingressando através de um IP estrangeiro. Minha prima me emprestou o dinheiro para pagar o que faltava, mas minha tia me disse que não iam poder fazer a tomografia nesse dia porque o único lugar que tinha um equipamento funcionando já havia fechado, de maneira que teriam que esperar até a manhã seguinte.

Minha mãe, que não havia pronunciado uma frase que fizesse sentido durante o dia todo, ao cair da tarde pediu a Clara que me telefonasse porque queria falar comigo. Clara se surpreendeu com sua repentina eloquência e me ligou, mas eu estava voltando a pé para casa e com outra pessoa ao telefone. Vi a chamada perdida meia hora depois, quando entrei em casa. "Mãe", escrevi, mas ela não respondeu, então liguei.

Durante anos eu havia esperado que o telefone tocasse numa noite qualquer e que alguém me dissesse que tinha acontecido "alguma coisa". Mas não foi assim. Estava falando com Clara havia uns dois ou três minutos quando ouvi Alberto, o ex-namorado da minha tia, pronunciar o nome de minha mãe e, por mais que pareça um clichê ou uma licença poética, senti o coração bater mais rápido. Alberto chamou o nome dela pela segunda vez e imediatamente ouvi minha tia Elena gritar, e comecei a gritar com ela. Clara deve ter largado o telefone sem desligar porque eu ouvia os gritos, os prantos, as repetidas vezes que a chamaram, tudo isso às cegas, como se eu estivesse dentro de algum quarto escuro da dor.

Desliguei o telefone. Queria apagar tudo e ligar de novo e ouvir que foi um susto, que foi só um desmaio repentino, que tudo estava bem e que amanhã iriam ao médico, como previsto. Telefonei, Clara só chorava e balbuciava. Minha tia, que viu um dos filhos morrer em seus braços, baleado na cabeça em frente à sua casa, chamava ao fundo sua irmã menor aos berros. "Sua mãe morreu", ouvi Clara gaguejar em meio às lágrimas que brotavam dos seus olhos por causa de uma mulher que não existia em sua vida até três meses antes.

Minha mãe tinha 73 anos, a mesma idade de meu pai quando morreu. "Ironias da vida", quase podia ouvi-la. Eu pensava no nosso diálogo imaginário enquanto ia para o aeroporto, naquela madrugada, pegar um voo para a Colômbia, no qual uma amiga tinha conseguido me encaixar na última hora.

Por uma diferença de doze dias, não foram 25 anos exatos entre a morte de meus pais. Naquela manhã de segunda-feira no final de novembro de 1993, eu estava esperando junto com minha mãe, meus tios e meu irmão mais velho notícias do meu pai, que estava internado no CTI de uma das clínicas mais caras de Maracaibo. Um médico saiu e pediu aos familiares mais próximos que viessem para o quarto onde ele estava. Não me lembro de ter escutado que ele havia morrido. Quando entrei com minha mãe e Jesús, ele estava deitado, com os punhos apertados, e, embora o tivessem desentubado, continuava conectado às máquinas por cabos que saíam do seu peito, emitindo aquele assobio agudo que é usado nos filmes para mostrar o fim de uma vida.

Em San Cristóbal, minha mãe estava deitada em sua cama com as mãos juntas segurando um rosário, colocado por minha tia em suas mãos assim que ela morreu, para que "Deus cuide da sua alma". A morte atrai rápido as pessoas, e enquanto Deus levava a sua alma, já havia gente tentando pegar as poucas coisas que minha mãe tinha, como Clara me contou depois. "Sua tia Elena fechou a porta do quarto dizendo que você estava a caminho, e que quando chegasse decidiria sobre as coisas dela", me disse Clara, que permaneceu ao meu lado, mesmo sem ter obrigação nenhuma disso, durante os três dias seguintes. Não dava para entender como é possível disputar os poucos pertences de uma pessoa diante do corpo sem vida. Não sei dizer se nós nos transformamos nisso ou se sempre fomos assim.

Depois de falar com Clara, naquela noite, liguei chorando para Jesús e lhe contei. "Vou embora, não trabalho mais", ouvi meu irmão dizer em voz alta assim que ouviu a notícia. Só uma tragédia para tirá-lo subitamente do trabalho. "Fica tranquila, *mami*, fica tranquila", me dizia ele, sem chorar. Pedi que telefonasse para Andrés, porque fazia semanas que ele me culpava por tudo e sempre terminava dizendo que eu estava matando nossa mãe. Os dois conversaram, e pouco depois Andrés me ligou. Eu contive as lágrimas como se me sentisse obrigada a não me mostrar vulnerável ante meu próprio irmão. Conversamos rápido, contei a ele o que tinha acontecido e que estava indo para a Venezuela de madrugada. Por seus silêncios, os mesmos de quando, ainda adolescente, viu o caixão onde nosso pai estava sendo velado, podia imaginar seu rosto. Queria poder abraçá-lo e que ele me abraçasse, mas isso seria em outra vida. Nesta, embora sentíssemos a mesma dor atravessar os nossos corpos, éramos como se dois cães brigando com a pouca força que lhes restava para permanecer em pé, olho no olho, fizessem uma trégua momentânea. O esforço era físico, senti isso quando nos despedimos.

Como se precisasse recuperar meu equilíbrio, liguei para Jesús. Com ele, sim, eu sentia que podia chorar para liberar as lágrimas reprimidas. Ele me disse que, sem voos diretos para a Venezuela, só para ir e voltar gastaria os três dias de folga que o restaurante lhe dava de licença, e por isso não iria. Eu fui sem saber como ou quando voltaria. Só queria ir.

De manhã, depois de um voo de seis horas, estava em Bogotá, onde tomaria outro avião para Cúcuta. Na primeira vez em que pisei nessa cidade fronteiriça, eu devia ter oito anos. O bolívar valia mais que o peso colombiano e, numas férias em San Cristóbal, mamãe nos levou até lá para comprar roupa. Na última vez em que fomos juntas, eu tinha 25 anos. Minha mãe ia dirigindo, apesar de detestar as curvas estreitas das montanhas andinas, cujas estradas continuavam sem melhorias após anos de petróleo. Paramos por uns minutos em Capacho, o povoado dela. Eu queria conhecê-lo, mas minha mãe não queria revisitar memórias do campo nem do seu pai alcoólatra de quem fugira um dia para a cidade. Minha mãe só via pobreza e precariedade naquele lugar de verdes eternos e casinhas antigas.

Naquela tarde de dezembro, na saída do aeroporto de Cúcuta, enquanto arrastava minha mala de menos de dez quilos, a menor que levava para a Venezuela em anos, eu a ouvia me advertindo que lá eu não podia confiar em ninguém, que iam tentar me passar a perna, que eles não gostavam de venezuelanos, que não devia falar nada porque era só me ver para saber que eu não era dali. Meu sotaque andino, que sempre ressurgia com a brisa das montanhas, de todo modo era inútil, porque eu não tinha energia para falar nem para evitar ser ludibriada. Escrevi à minha prima, que me esperava em San Cristóbal, perguntando quanto era um preço justo até a ponte. Já que os taxistas do aeroporto cobravam mais caro, como em qualquer lugar, fui arrastando a mala pelo asfalto do estacionamento até chegar à saída do aeroporto. A calçada estava interditada por causa de obras. As rodinhas da mala não corriam bem naquele asfalto, e eu só pensava em voltar e tomar aquele táxi caro. "Não sou rica", pensei, sentindo a pressão da minha mãe, e tirei forças de onde não tinha para negociar com meu primoroso sotaque andino o preço sugerido por minha prima.

Funcionou, o taxista só soube que eu era venezuelana porque contei. Foram vinte minutos de "não se ofenda, mas está difícil, seus compatriotas estão nos roubando", "que fome que estão passando, não é?", "eu ainda vou porque se consegue comida barata lá, para vocês é que está caro, não é?", "aceitei você porque não notei que era *veneca*, porque a última que levei roubou meu celular". Eu concordava com tudo em piloto automático, enquanto pensava na indignação que minha mãe sentiria se ouvisse alguém me chamar de *veneca*.

Dois dos meus primos me esperavam antes da ponte. Não sei como os vi de dentro do carro, naquele mar de gente e de pobreza. Nada era mais como nas minhas viagens de adolescência. O que minha mãe diria? Pululavam centenas de pessoas por ali, algumas indo, com suas mochilas maltratadas no ombro e suas malas puídas nas mãos, e outras voltando, com carrinhos e sacolas, após fazerem as compras. Uns poucos tentavam ganhar o dia vendendo coisas ou serviços. Era como um mercado popular da miséria. Um dos meus primos me disse que era melhor entrar sem carimbar o passaporte, exigência que a polícia colombiana me fizera no aeroporto quando eu disse que meu destino final era a Venezuela. "A fila para entrar é enorme, pode escurecer enquanto a gente espera", me disse Sandro.

Era estranho entrar assim, ainda mais numa ponte tumultuada e repleta de gente que, com menos sorte que eu, estava fugindo ou ganhando a vida como podia. Naquela ponte, que antes cruzávamos de carro e onde minha mãe se negava a acender os faróis como mandava a lei colombiana, agora imperavam umas barreiras demarcando as filas de saída e de entrada. A passagem pelos postos de controle era lenta devido à quantidade de pessoas. As autoridades colombianas não se davam ao trabalho de conferir a documentação de quem estava de saída, mas quem ia entrar no seu território tinha que passar por vários filtros. Vi pessoas cruzando o rio Táchira sob a ponte, bem debaixo do nariz dos agentes de migração, que, pelo que me disse um dos meus primos, dividem com os coiotes o dinheiro que recebem de quem não tem documentos e tem que atravessar com água até o pescoço para sair da Venezuela. *De uma tragédia a outra*, pensei, lembrando as manchetes sobre corpos arrastados pelo rio por cruzarem dessa maneira. O que eu não imaginava é que o faziam em plena luz do dia, diante da indiferença de todo mundo.

Em Santo Antonio, pegamos o carro e começamos a descida em direção a San Cristóbal. Vi no caminho a entrada para Capacho, e, enquanto tentava acompanhar a conversa dos meus primos sobre como iam mal as coisas, refazia na cabeça as vezes que minha mãe e eu percorremos aquela estrada, nos tempos em que, como eu revivo nos meus sonhos, ela andava sozinha e usava seu cabelo azeviche até abaixo dos ombros. Eram tempos também em que não havia, ao contrário de agora, barrancos desmoronando, buracos em quase toda a estrada e um sem-fim de postos da Guarda Nacional com oficiais escrutando com olhos de hiena o interior dos carros.

Chegamos a San Cristóbal já de noite. Quis ir diretamente à funerária, estava viajando havia quase um dia e só queria ver minha mãe. Ela odiava velórios. Eu também. Mas, mesmo assim, era num velório que íamos nos encontrar.

A funerária era uma casa baixa. Tinha apenas uma sala, onde se entrava diretamente após cruzar as portas, gradeadas. Vi meus primos e minhas tias sentados nas cadeiras encostadas nas paredes. No meio, um caixão pequeno, que mais parecia de uma criança que de um adulto. Quatro arranjos de flores simples delimitavam seus cantos. Estava aberto, e enquanto eu andava até lá, minha tia Elena veio me dar um abraço, e eu só pude chorar. "Paulina estava cansada", disse a tia Elena. Minha mãe estava cansada, era verdade, eu às vezes também me sentia assim.

Fui até o caixão e voltei 25 anos no tempo, para aquela segunda-feira do velório do meu pai. Naquele dia, em Maracaibo, quando vi o rosto de meu pai através do vidro, apesar de todo o amor que tinha por ele, lembro de ter pensado: "Pelo menos não foi minha mãe".

Quando cheguei ao pequeno caixão cor de ferrugem onde minha mãe estava e vi seu rosto, senti um vazio que supus que nada mais era que a solidão propriamente dita. Ela estava com um vestido azul e preto que minha prima escolheu e que eu lhe trouxera alguns anos antes. O rosto sereno dos mortos que não têm mais alegria, mas tampouco têm mais tristezas. Minha mãe estava maquiada e com um batom rosa-claro nos lábios. Ela não usava batom, na verdade durante as últimas décadas só eu a havia maquiado, e poucas vezes. Não sei por que aquele rosa-claro me chocava. "Está tão linda", disse minha tia Elena, e só aí percebi que ainda estava me abraçando.

Meus primos me explicaram, quase pedindo desculpas, que tiveram que tomar decisões que deviam ser tomadas por mim, mas eu, que tinha tomado tantas decisões nos últimos anos em relação à minha mãe, na verdade me senti aliviada por alguém ter assumido o controle em meu lugar.

Talvez tenha sido esse mesmo fastio o que minha mãe sentira 25 anos antes quando me disse, depois de enterrar meu pai, que eu devia me preparar para assumir as rédeas da casa, porque ela estava cansada. Na época, minha mãe decidiu tudo, da camisa branca e a calça escura com que vestiram meu pai até o enterro no cemitério Sagrado Coração de Jesus, vandalizado anos depois. "A gente tem que temer os vivos, filha, não os mortos", bem me dizia meu pai quando eu ia chamá-lo chorando nas noites escuras da minha infância.

Andrés telefonava a toda hora para pedir a certidão de óbito que era necessária para conseguir uma licença de três dias no trabalho e um bônus monetário, conforme me disse. Também queria fotos de nossa mãe no velório, que eu me neguei a tirar porque não queria essa imagem. Jesús, em contrapartida, se tornou minha válvula de escape, e eu tentava, à distância, me apoiar nele o máximo possível. Sentia claramente que não dava conta sozinha. Ele me disse que nossa mãe queria ser cremada, mas eu só lembrava que ela sempre repetia que ia doar seu corpo à ciência para ajudar a encontrar uma cura para a sua doença. De qualquer maneira, nessa nova Venezuela, era impossível improvisar um lote num cemitério como fizemos com nosso pai um quarto de século antes. Até morrer é um problema nesse país.

Alguém me explicou que quando uma pessoa morre em casa tudo é mais difícil. Minha mãe tinha morrido depois de jantar, sentada na sua cadeira de rodas vermelha. Como foi durante a noite, não havia como sair e conseguir imediatamente uma certidão de óbito. As poucas coisas que ainda funcionam na Venezuela só aconteciam de dia, de forma que fecharam com a única funerária disposta a remover o corpo sem a certidão. A irmã mais velha de minha mãe, e a que mais se parecia fisicamente com ela, tinha morrido nesse mesmo ano em casa, a poucas quadras da casa da tia Elena, e por isso meus primos, que viram sua mãe começar a se decompor na cama devido às demoras burocráticas no país do impossível, tinham aprendido que era preciso agir rápido. Assim, depois de pagar à funerária que levou minha mãe e que também intermediava a cremação no cemitério, foram de manhã cedo conversar com o último médico que minha mãe tinha consultado para lhe pedir que assinasse o atestado de óbito. Ele se negou, não podia emitir um documento relativo a um morto que ele não tinha visto. Mas era a única forma de consegui-lo, e meus primos insistiram tanto que afinal conseguiram que ele assinasse o papel que dizia que minha mãe morrera de "parada cardiorrespiratória" às 19h45 de 4 de dezembro de 2018. Minha mãe com certeza aplaudiria essa atitude deles. E embora eu esteja grata pelo que fizeram, é doloroso saber que até isso o país me tirou. Tenho um papel necessário para a burocracia, mas nunca vou saber do que minha mãe realmente morreu. A única coisa que sei é que após o jantar ela pediu para falar comigo ao telefone e minutos depois, enquanto eu estava conversando com alguém ao lado dela, em silêncio, levou a mão ao peito, fechou os olhos e sua cabeça tombou levemente de lado, como mais tarde me contou Alberto, o ex-namorado da minha tia. Eu me perguntava inutilmente o que ela teria sentido ou pensado. E me consolava com a ideia de que, como foi tão de repente, minha mãe talvez não tivesse tido tempo de sentir medo, mas me atormentava não estar lá na hora para dizer que a amava.

"Delírio", me disse um traumatologista que visitei em São Paulo meses depois, a quem descrevi os últimos dias da minha mãe, procurando inutilmente alguma resposta. "Acontece muito com pessoas de idade, algumas infecções podem causar um quadro de delírio, mas é impossível saber realmente", disse ele.

A sala da funerária era azul, na certa para dar uma sensação de calma, mas me parecia fria. "Está bonito o salão, não está?", escutei um primo dizer. "Que lugar horrível", ouvi minha mãe responder; devia estar muito irritada vendo o lugar onde a tinham colocado. "Que funeral medíocre, que café sem gosto, quantos erros ortográficos no obituário. Que diferença com o enterro do seu pai", resmungava ela na minha cabeça. Era verdade, 25 anos antes o funeral de meu pai tinha sido outra coisa. O salão, branco e impecável, estava repleto de coroas de flores enormes que não sabíamos de onde tinham saído. O caixão, de madeira, grande e brilhante, fora instalado no meio de um espaço menor, que dava uma sensação mais íntima. Ironias da vida, os dois velórios custaram o mesmo valor, 40 mil bolívares, só que agora soberanos, os zeros tinham se reproduzido de novo, velozmente. Paguei o de minha mãe à vista, numa transferência de 74 dólares, o equivalente então a 39 960 bolívares, ao meu primo. Já o do meu pai, minha mãe teve que negociar em quatro prestações que consumiram quase todo o seu salário de professora aposentada. "Para você ver como é estável a nossa economia, cobraram o mesmo preço 25 anos depois", disse sorrindo meu primo, e caímos na risada.

Enquanto olhava minha mãe e admirava o seu rosto redondo, com as rugas no cenho que ela só relaxava quando eu a advertia, telefonou minha tia Elisa de Maracaibo, que não pudera vir. Assim que me deu os pêsames, ela me disse que minha mãe lhe havia prometido um celular, se eu podia mandá-lo. Outra vez a voz de minha mãe soou na minha cabeça: "Eu disse que sua tia só se preocupa com o que interessa a ela". E mais uma vez tinha que dar razão à minha mãe, como era difícil para mim reconhecer que ela estava certa, e parecia que era o que ia acontecer agora. Para me livrar da minha tia e da sua ansiedade pelo celular, disse que não sabia de nada, mas que podia ficar com a comida que ainda estava na casa de minha mãe em Maracaibo, que eu não tinha conseguido levar para San Cristóbal. Mais tarde, vim a saber que no dia seguinte, enquanto minha mãe era cremada, ela foi saquear a casa da própria irmã. Eu, que tantas vezes tinha intermediado a seu favor quando minha mãe se irritava com minha tia Elisa, protestei entre lágrimas e afinal lhe disse que nunca mais queria saber dela. "Você tem que entender, a fome e a necessidade fazem as pessoas perderem a cabeça, esquece isso", me disse Jesús dois ou três meses atrás, quando eu ainda estava remoendo o episódio.

Nessa noite, nos pediram na funerária que fôssemos embora porque as ruas já estavam desertas, era perigoso ficar fora de casa. Eu acompanhei meu pai no velório durante a noite inteira, mas minha mãe não. As funerárias não trabalham mais 24 horas por dia, e, embora nos permitissem ficar lá, minha tia Elena disse que era melhor voltarmos para casa. A entrada, protegida apenas por uma grade, parecia realmente muito vulnerável.

Quando cheguei à casa da minha tia, a primeira coisa que vi foi a cadeira de minha mãe com os pneus que ela mal tivera tempo de usar e que tanto trabalho deram. Que imagem dura pode ser uma cadeira vazia. Ouvia as pessoas falando de como eu tinha ajudado minha mãe, dos remédios, dos equipamentos de saúde, do iPad ou do celular. Dos óculos escuros, das roupas e das consultas médicas. De como devia ser cara a cadeira de rodas e de quanta comida ainda sobrara das minhas viagens e remessas. Mas eu só via um monte de coisas inúteis, uma cadeira vazia, um celular do qual nunca mais sairia sua voz e remédios que já não podiam atenuar suas dores. Eu os escutava em silêncio. Minha tia Elena, Clara e meus primos talvez não saibam, mas eles me mantiveram de pé naquelas horas em que eu me debatia entre a indolência e a raiva em relação ao país e à lógica que se instalou nele.

Clara dormiu ao meu lado naquela noite. Contrariando a minha tia, dormimos na mesma cama onde minha mãe tinha passado as últimas noites. Eu via aquelas colunas da cama que minha mãe me descrevia em suas ligações de madrugada, quando falava dos mortos, e pensei: "Vamos ver, mamãe, agora eu é que quero ver mortos, mas são só colunas de madeira, eu falei que não era nada, dessa vez você tem que reconhecer que eu tinha razão".

Na mesinha de cabeceira estavam uma vela e o copo d'água para as almas do purgatório, tal como 25 anos antes minha mãe, em sua versão mais devota, tinha feito para meu pai. À luz da vela, Clara me contou sussurrando que minha tia Marga repreendia minha mãe por causa de comida, media cada colher de farinha ou de arroz e reclamava que eu não tinha comprado nada para a casa. Minha mãe nunca me contou que a convivência tinha azedado porque nada era suficiente para a minha tia, afinal de contas eu ganhava em dólares. Minha mãe tampouco me contou que, como represália às reclamações mesquinhas da irmã, havia deixado de comer, o que piorou sua saúde. Foi por isso que num fim de semana teve que ir para o pronto-socorro, ajudada por minha prima Magaly, disse Clara.

Pedi que Clara não me contasse mais nada porque, assim como me doía pensar em meu pai num campo de concentração com um soldado alemão sentenciando-o à morte por tentar fugir daquele calvário, partia o meu coração pensar no que minha mãe tinha sofrido com a própria irmã. Ao contrário do que meu pai viveu, as adversidades de minha mãe eram, sim, culpa minha. Ela me disse que não queria sair de casa, minha tia Marga revelou quem era ao tentar tirar proveito no aniversário da minha mãe, a filha dela me censurou pela presença de minha mãe em sua casa, e ainda assim a deixei lá. *Mãe, eu não sabia mais o que fazer*, pensei.

No dia seguinte, me mostraram três caixas na funerária para escolher onde queria guardar as cinzas de minha mãe. Todas eram grandes e feias. Uma delas reproduzia o caixão comum onde ela estava. Escolhi uma de madeira clara porque minha mãe odiava imitações. Demorei a decidir, porque a caixa tinha uma cruz do lado, e a falta de fé de minha mãe estava certificada até por um padre. O distanciamento dela da religião era tal que meus primos recearam me contar que já tinham pagado por uma missa para encerrar a cerimônia. No caminho do cemitério, as filas de gasolina dominavam as ruas. San Cristóbal continuava sendo mais agradável para avistar que Maracaibo, mas não era imune à miséria. Havia semáforos sem funcionar devido aos cortes de luz e lixo espalhado em toda parte. Os caminhões de coleta passavam muito de vez em quando, sem regularidade, e por isso minhas primas, para evitar que a calçada ficasse entupida de lixo, armazenavam os sacos num freezer durante dias. Se estivessem em casa quando o caminhão passava, corriam com os sacos de lixo congelados assim que escutavam o barulho. "Um motorista passou um dia desses se oferecendo para levar todo o lixo do quarteirão se os moradores pagassem. É o fim da picada, mas talvez tenhamos que começar a fazer isso, o freezer já está cheio e não sabemos quando o caminhão vai passar de novo", me contava Magaly enquanto eu contabilizava quanta gasolina minha presença estava lhes custando.

No cemitério, rodeado pelas montanhas que marcam os Andes, batia um sol forte, aquele sol da região que queima as bochechas não importa o frio que esteja fazendo. Minutos depois, um funcionário saiu com uma caixa pequena e se despediu da família que a aguardava. Outro funcionário levou minha mãe para outra sala e pouco depois veio pedir que os familiares mais próximos fossem identificar o corpo.

Entrei, junto com minha tia Elena, Sandro e Magaly, que fisicamente era mais parecida com minha mãe do que eu talvez nunca chegue a ser. Não esperava ver minha mãe ali, exposta, numa bandeja às portas do forno. Tinha sido retirada do caixão alugado. A funerária revezava os seus defuntos entre os dois únicos féretros que tinha. Com a crise, não chegavam caixões novos, de maneira que comprar não era uma opção. Meus primos haviam escolhido o outro — me disseram depois —, mas o morto anterior demorou mais do que o previsto para desocupar o caixão, e minha mãe ficou com o cor de ferrugem de tamanho infantil. Como minha mãe devia estar indignada. Descalça e fria, gostei de acariciar seu cabelo liso e azeviche, a única coisa que ainda parecia estar viva nela. Pela lateral, vi os líquidos deixando o seu corpo. Começava a se decompor.

Minha tia Elena, num ato reflexo, tirou o rosário das mãos dela e me entregou. Eu a via ali imóvel e queria acreditar que existia uma alma e que ela estava de verdade com algum deus e em algum céu, e que esse rosário, que agora fica na minha mesa de cabeceira, seria um pedacinho tangível dessa alma.

"Sua mãe me contou uma coisa e me fez jurar que eu ia guardar o segredo até a sua morte; já posso contar, não é?", veio me dizer tia Elena enquanto esperávamos a cremação. Antes que criticássemos a sua incapacidade de guardar segredos, ela nos recordou que a promessa fora cumprida. Pensei que ia ouvir um grande mistério, mas não era nada muito surpreendente. Só que minha mãe realmente guardava segredos, como eu descobriria nessa mesma tarde.

* * *

Alberto, que era parte da família havia décadas e que conhecia minha mãe desde a adolescência, me contava coisas dela que eu desconhecia, enquanto eu a censurava em silêncio: "Por quê, mãe?". Podíamos ter falado de amor e desamor, mas só usávamos o tempo ao telefone para fazer recriminações mútuas e falar de comida e remédios e dólares e transferências. Nossa relação poderia ter melhorado nos últimos anos, quando eu finalmente estava começando a entendê-la. Eu não era mais aquela pós-adolescente idealista, convencida e ansiosa para provar que era diferente. Como adulta, estava começando a me reconhecer nela sem que isso me incomodasse. Via algumas coisas do seu temperamento que eu me preocupava em não repetir, mas também via outras que me orgulhava de ter. Entretanto, não conversávamos sobre nada disso. O país e sua derrota tinham nos roubado esse momento.

Em menos de duas horas, o funcionário saiu com a caixa de madeira natural e a cruz do lado. "As cinzas pesaram 2,8 quilos, que segundo a crença é o que ela devia pesar quando nasceu. Eram de cor cinza-claro, o que significa, também segundo a crença, que em vida foi uma pessoa muito boa e paciente", disse o funcionário ao me entregar a caixa. Eu não consegui conter o riso. "Minha mãe não era exatamente paciente", tentei me justificar, envergonhada por rir naquele momento, como 25 anos antes tinha me sentido envergonhada por gargalhar sem mais nem menos no meio da missa durante o enterro de meu pai.

E assim, saí do cemitério levando minha mãe.

Clara voltou comigo para a casa da tia Elena. Assim que entramos no quarto, ela me disse que dias atrás minha mãe tinha lhe pedido para ver o anel de formatura. "É para a Carola", disse.

Eu nunca fui Paula dentro de casa, porque Paula era ela. Caro, Carola ou Carolita, essa sou eu, ninguém na minha família me chama de Paula, nem meus irmãos, nem meus tios, nem meu pai, muito menos minha mãe, todos usam meu segundo nome. Essa divisão sempre fez eu me sentir como se tivesse uma vida paralela, um alter ego. Eu achava Carola um nome horrível, mas quando me chamam assim é como se voltasse para casa e para a infância, é como se fosse um outro mundo, não o da Paula, em que eu preciso ser adulta e assumir responsabilidades.

Tinha que decidir sobre as coisas de minha mãe, porque era preciso desocupar o quarto que minha tia Elena lhe dera. Lembrei que, depois do enterro do meu pai, minha mãe separou todas as coisas dele. Em menos de uma tarde, que eu sofri em silêncio, vi minha mãe, estoica, dobrando as poucas camisas e calças de meu pai. Ele tinha algumas camisetas para ficar em casa e uma calça jeans, que comprou ao passar dos setenta anos, no que chamou de tentativa de modernização. Sua colônia Pino Silvestre, os óculos grossos de resina, as agendas que ele usava para fazer as listas de compras para as festas, os cintos com que mais de uma vez bateu nos meus irmãos. Após algumas horas, estava tudo em caixas, preparado para ser despachado.

Naquela tarde eu não podia imaginar que 25 anos depois iria passar pela mesma situação com minha mãe.

Não me lembro de que minha tia Elena e eu fôssemos particularmente próximas, mas desde que cheguei ela me acolheu como filha. Ela me alimentava, conversava comigo e cuidava de mim. "Filha, você tem que voltar porque a sua família, a sua casa e o seu país continuam aqui", me disse ela quando voltamos do cemitério. Sem instrução, mãe de cinco filhos, minha tia entendeu de forma intuitiva que, sem meus pais e com meus irmãos no Chile, a Venezuela e a família de repente tinham se tornado uma abstração para mim.

Alguns anos atrás, eu disse a minha mãe que não me lembrava de vê-la chorar quando meu pai morreu, que olhando para trás parecia que tinha sido fácil. Naquele tempo minha mãe via uma novela mexicana, depois do almoço, cujo personagem principal era um aspirante a mariachi. Eu sabia quase todas as canções. Ela, fã de Pedro Infante e do cinema mexicano, me ensinara dezenas de *rancheras* desde pequena. Eu sabia o quanto ela gostava, mas mesmo assim me surpreendi um dia quando o protagonista aspirante a mariachi entoou *Ojalá que te vaya bonito*, e minha mãe começou a cantar e a chorar. Até hoje me lembro dela sentada na cama nesse momento de transe. Não sei em quem José Alfredo Jiménez pensava quando escreveu essa letra, mas acho que minha mãe pensava em meu pai quando a ouvia; e eu, que com sua morte me enchi de raiva e de tristeza, pensava nela. "*Te adoré, te perdi, ya ni modo.* Quantas coisas ficaram presas lá dentro, no fundo da minha alma. Quantas luzes deixaste acesas, e não sei como apagá-las."

Agora entendo que passei por aqueles dias como se estivesse fora de mim. Achava que tinha as coisas sob controle, mas era como se estivesse sonhando ou parcialmente entorpecida. Sei que não era eu porque, meses depois, numa noite qualquer enquanto via televisão, saí dessa letargia e pensei no xale favorito de minha mãe. Corri para o armário e chorei de felicidade ao ver que o tinha guardado. Depois disso, choro mais e com mais tristeza que naqueles dias. Como se o corpo, num mecanismo de autodefesa, adormecesse uma parte de si mesmo para facilitar as primeiras horas. Essa dormência que me deixava mais lenta era evidente para as pessoas ao meu redor. Enquanto eu quase não funcionava, Sandro se encarregou de conseguir para mim um documento migratório para poder sair da Venezuela, e Magaly se comprometeu a me levar até a fronteira.

Nesse dia madrugamos. Minha tia Elena queria aproveitar a viagem para comprar comida. Quando despertei, às cinco e meia, ela já estava com o café coado e as arepas, redondas, finas e perfeitas, na chapa de ferro. Magaly e sua irmã vieram nos buscar pouco depois. Perguntei como ela tinha conseguido gasolina sem pagar e sem entrar na fila, que levaria pelo menos um dia inteiro, e ela me disse que em função da urgência tinha pedido esse favor a um amigo que tinha um posto. Quando vi o marcador da gasolina da caminhonete, estranhei que já estivesse quase pela metade, e perguntei se havia acontecido alguma coisa. "Não, é que se os guardas na fronteira me param e veem que estou com o tanque cheio, são capazes de me prender dizendo que trouxe gasolina para vender. Passei meio tanque para o carro do meu irmão por via das dúvidas", explicou minha prima como se fosse a coisa mais natural do mundo.

Pensei em como tínhamos nos adaptado nos últimos anos. Sem percebermos, a vida precária passou a ser normal, e o que fazer a não ser aceitar as coisas, arranjar soluções, pôr panos quentes, e ficar alegres com essas pequenas vitórias que demonstram que sobrevivemos, que somos aqueles que seguem em frente, que não há Guarda Nacional que supere a nossa astúcia nem desastre econômico que nos derrote. E, no pior dos casos, não há governo que, como dizemos no Caribe, nos faça perder o rebolado.

"Mexam-se, mexam-se", gritava o funcionário da imigração colombiana na ponte Simón Bolívar para todos nós que avançávamos o mais rápido que a aglomeração nos permitia nas filas de formiguinhas. "Toda vez que preciso cruzar, fico indignada com essa humilhação, é muito desagradável ser tratada assim, mas a gente tem que ficar calada por necessidade", disse minha prima em voz baixa, enquanto arrastava seu carrinho de compras ao meu lado. Eu não ia ter que voltar, mas partilhava a frustração dela. Cruzar aquela ponte para a Colômbia é pura necessidade: de comida, de remédios, de dinheiro ou de uma vida nova, e alguns funcionários colombianos e militares venezuelanos pareciam sentir um prazer sádico administrando tamanha miséria.

Aquele lugar é uma reprodução em pequena escala de como funciona o país. Quem tem documentos sai; quem não tem, mas tem dinheiro para pagar, também cruza a fronteira com ajuda; e quem não tem nada fica ao deus-dará. No lado venezuelano, os militares são senhores absolutos. É um lugar sem lei onde eles decidem quem passa e como passa. Onde a miséria fomentou a criatividade, gerando novos nichos de trabalho, explorando toda e qualquer situação possível. E também onde muita gente, expulsa de um país paralisado e em ruínas, perambula como almas penadas à espera de alguma coisa, sem saber exatamente o quê.

Já em Cúcuta, no lado colombiano, convidei minhas primas e minha tia Elena para tomar o café da manhã, mas não foi fácil elas aceitarem. Tia Elena, que festejou os meus aniversários, cuidou de mim numa crise de sarampo quando eu tinha cinco anos e me alimentou uma infinidade de vezes, não queria aceitar que eu lhe pagasse um café e uma empanada. Minhas primas, que quando eu era adolescente me levavam para comer e passear, insistiram que não gastasse meu dinheiro "dessa maneira". Três empanadas e três cafés eram um manjar de ricos para elas, enquanto para mim era apenas um detalhe que não compensava todos os cuidados e o amor que me deram nas horas mais tristes que vivi e que provavelmente viria a viver.

"Volte quando quiser, minha filha", disse tia Elena quando me abraçou, e então entrei no táxi para ir ao aeroporto. Minhas primas tinham negociado o preço e eu me mantive em silêncio durante o trajeto. Grudada na Venezuela, Cúcuta parecia tão diferente, era uma cidade normal, com transporte público, pessoas na rua passeando ou trabalhando, comércio funcionando, semáforos acesos. Nesse percurso de táxi, pensei em Andrés, que quando saiu da Venezuela, por essas mesmas ruas, me escreveu surpreso por não ver lixo na calçada.

Cheguei cedo ao aeroporto. Fui me sentar numa cadeira ao final de um corredor para esperar o meu voo. Retornei às palavras da minha tia e fiquei me perguntando se eu realmente ia voltar. Pensei nessa ideia de retorno e nos meus pais durante as horas que fiquei esperando. Lembrei que minha mãe nunca quis voltar para casa. "Lá não é mais minha casa", dizia quando eu lhe sugeria que fosse para San Cristóbal. Assim como meu pai também dizia que a Espanha não era mais a casa dele quando minha mãe lhe propunha uma ida à Europa. "Minha casa é aqui", dizia, falando da Venezuela. Eu queria voltar, sim, mas não para fazer uma visita, como minha tia sugeria, queria voltar a algo que não existia mais. Não seria isso que acontecia com eles? E lembrei que, depois de uma discussão entre meus pais porque minha mãe insistia na ideia de ir à Europa, perguntei a meu pai, olhando as estrelas, recostados no capô do seu carro, se nunca pensava em voltar. Ele me olhou com aqueles olhos tristes que eu tanto me esforcei ao longo destes anos para não esquecer, negou com a cabeça e me disse: "Às vezes não se pode voltar".

Eu não queria me despedir, já estava farta de despedidas.

ESTA OBRA FOI COMPOSTA EM MINION PELO ACQUA ESTÚDIO E IMPRESSA
PELA LIS GRÁFICA EM OFSETE SOBRE PAPEL PÓLEN SOFT DA SUZANO S.A.
PARA A EDITORA SCHWARCZ EM OUTUBRO DE 2020

A marca FSC® é a garantia de que a madeira utilizada na fabricação do papel deste livro provém de florestas que foram gerenciadas de maneira ambientalmente correta, socialmente justa e economicamente viável, além de outras fontes de origem controlada.